MEDITACIÓN Y MINDFULNESS PARA PRINCIPIANTES

Aprende a Meditar desde cero en la vida cotidiana y donde quiera que vayas

MARIA PRAJNA

Maria Prajna Publishing

ÍNDICE

Introduction	vii
Algo a tener en cuenta	ix
1. CAPITULO 1	1
La importancia de la meditación y el Mindfulness en tu vida	
¿De qué se trata el Mindfulness?	1
2. CAPITULO 2	19
Creando hábitos que siguen la línea del Mindfulness	
Cómo desarrollar hábitos Mindfulness	19
Rutina de 10 minutos de Mindfulness para incluir a tu rutina diaria	20
Concéntrate en la respiración:	21
La técnica del objeto externo:	21
Dirigir la atención hacia las distintas partes de nuestro cuerpo:	22
Rutina de mañana	23
Rutina de tarde	25
Rutina de noche y antes de acostarse	29
3. CAPITULO 3	31
Los procesos por los que pasa la mente consciente	
Otro ejemplo:	33
-Entendiendo la importancia de estar en el momento presente	34
- Las preocupaciones y los efectos negativos en nuestra mente	35
- Estar consciente de tus pensamientos y observarlos	39
- Trabajando con emociones difíciles	40
-Utilizando el Mindfulness y la meditación para tratar fobias	42
- Estás consciente de tu cuerpo y lo que haces con él.	46
-Las señales del cuerpo. Conciencia corporal:	46
-La Unión Mente-Cuerpo:	47

-Escucha Tu Cuerpo: 48
- Previene enfermedades crónicas 50

4. CAPITULO 4 54
Parte práctica y libro de trabajo
Como practicar la meditación Mindfulness 54
-Observar nuestro pensamiento: 56
-Identificar las emociones: 57
-Utilizar la visualización: 59
-Tomar conciencia de nuestro cuerpo: 59
- Cómo funciona el Mindfulness para reducir el estrés 60
1.- Ejercicios de respiración: 61
2.- Técnicas de relajación: 62
3.- Liberación de la mente de pensamientos negativos: 63
4.- Un momento al día de intensidad: 64
5.- Alimentación saludable y consciente: 64
6.- Tomar un baño renovador: 64
- Diferentes tipos de meditaciones para diferentes tipos de dolencias físicas y espirituales. 65
Meditación Budista: 65
Meditación Zazen: 67
Meditación Transcendental: 68
Meditación Penetrante: 69
Meditación Kabbalah: 70
Meditación Mantra: 71
Meditación Sufi: 72
Meditación Chakra: 73
- Manteniéndote en el camino correcto 75

5. IMPORTANTE 78
¿Está disfrutando de la lectura de este libro? 78

6. CAPITULO 5 80
La Meditación como herramienta indispensable
Como meditar, como comenzar si eres principiante 80
- Meditación y respiración Zazen 81
- Meditación de caminata 82
- Meditación para chequear tu cuerpo 82
- Meditación del mantra 83
- Meditación de amor y agradecimiento 84

7. CAPITULO 6   85
Conclusiones del método

8. CAPITULO 7   87
Meditación Guiada
MEDITACION GUIADA   87

Acerca del Autor   91

Copyright 2021 por Maria Prajna - Todos los derechos reservados.

Este documento está dirigido a brindar información exacta y fiable sobre el tema al que compete. La publicación se vende con la idea de que el editor no está obligado a rendir cuentas, esta oficialmente autorizado, o de lo contrario, los servicios del personal calificado. Si es necesario, asesoramiento legal o profesional, una práctica individual en la profesión debe ser ordenado.

- A partir de una declaración de principios que fue aceptada y aprobada igualmente por un Comité de la American Bar Association y un Comité de Editores y asociaciones.

De ninguna manera es legal para reproducir, duplicar o transmitir cualquier parte de este documento en medios electrónicos o en formato impreso. Grabación de esta publicación está estrictamente prohibido y cualquier almacenamiento de este documento no está permitida a menos que cuente con el permiso por escrito del editor. Todos los derechos reservados.

La información proporcionada aquí se dice sea veraz y coherente, en el que cualquier responsabilidad, en términos de falta de atención o de otra forma, por cualquier uso o abuso de las políticas, procesos o instrucciones que contienen es la solitaria y de absoluta responsabilidad del lector destinatario. Bajo ninguna circunstancia de cualquier responsabilidad jurídica o la culpa se celebrará contra el editor para cualquier reparación, daños, perjuicios o pérdidas monetarias debido a la información contenida en ella, ya sea directa o indirectamente.

Respectivo autor posee todos los derechos de autor no mantenidos por el editor.

La información que aquí se ofrece con fines informativos exclusivamente, y es tan universal. La presentación de la información es sin contrato o cualquier tipo de garantía de fiabilidad.

Las marcas comerciales que se utilizan son sin consentimiento, y la publicación de la marca es sin permiso o respaldo por parte del dueño de la marca registrada. Todas las marcas comerciales y las marcas mencionadas en este libro son sólo para precisar los objetivos y son propiedad de los propios dueños, no afiliado con este documento.

INTRODUCTION

Primero antes que nada me gustaría darte las gracias por la confianza y por haberme elegido para emprender este viaje hacia el mundo de la **Meditación y el Mindfulness** Este libro te ayudara a que domines este mundo y logres obtener una salud excelente a través de lograr una vida saludable.

Estamos conscientes que incursionarse hacia el mundo de la meditación y la espiritualidad puede ser tedioso y muy lento, ya hemos probado de todo desde contar los gramos, las calorías, dejar de comer las comidas que tanto nos gustan y por supuesto, comenzar con las rutinas de ejercicios en el gimnasio. Es por esto que al no ver resultados te puedes sentir muy desmotivado/desmotivada, y menos si no se dan en el tiempo que estableciste la meta para lograrlo.

Complementando al **Mindfulness**, la meditación es uno de los métodos mas efectivos para poder liberar tu mente y cuerpo y poder lograr una armonía en general con el ambiente que te rodea.

Una de las cosas que mas me llamo la atención cuando comencé a utilizar el **Mindfulness** fue que me permitía seguir con mi rutina diaria y mi trabajo sin interferir, ya que realizaba sesiones de 15 minutos a una hora dependiendo del tiempo disponible donde me dedicaba de lleno a estar con la mente plena.

INTRODUCTION

En este libro te enseñare los diferentes abordajes hacia la el mindfulness, porque funciona, cuál es el secreto detrás y también vamos a derribar algunos mitos relacionados con esta disciplina.

El objetivo de este libro es enseñarte a tener un estilo de vida mas saludable a medida que vas librando del estrés y el nerviosismo, sin tener que realizar muchos sacrificios en tu estilo de vida actual, que todos sabemos que entre el trabajo y los demás quehaceres no nos queda mucho tiempo para dedicarnos a nosotros mismos.

También me he tomado el tiempo de desarrollar técnicas de Mindfulness que describiré en este libro y que he puesto en practica personalmente.

Mi objetivo, también, no es solo educarte sino motivarte, a dar ese paso que tanto te cuesta y tomar acción, es por esto que quiero pedirte una cosa, no te rindas a lo largo de este libro, sigue al pie de la letra mis instrucciones, prueba este método de mindfulness, te prometo que al terminar este libro y aplicar paso por paso mis consejos y enseñanzas vas a lograr una vida saludable, un estilo de vida positivo basado en la felicidad y una armonía en tu cuerpo que es lo que siempre quisiste.

Sin más preámbulos, ¡vamos a comenzar!

Muchas gracias por adquirir este libro, espero que lo disfrutes así como yo disfrute escribiéndolo.

ALGO A TENER EN CUENTA

ADVERTENCIA

Tenga en cuenta que la información contenida en este documento es **sólo para fines educativos y de entretenimiento**. Se ha hecho todo lo posible para proporcionar información completa fiable y actualizada. No se expresan ni implican garantías de ningún tipo. Los lectores reconocen que el autor no se dedica a la prestación de asesoramiento legal, financiero, médico o profesional.

Al leer este documento, el lector acepta que bajo ninguna circunstancia somos responsables de las pérdidas, directas o indirectas, que se incurran como resultado del uso de la información contenida en este libro, incluyendo, pero no limitado a errores, omisiones o circunstancias.

CAPITULO 1
LA IMPORTANCIA DE LA MEDITACIÓN Y EL MINDFULNESS EN TU VIDA

¿DE QUÉ SE TRATA EL MINDFULNESS?

El Mindfulness es presencia, atención plena, conciencia plena, es mucho más profundo que la relajación o la meditación, de hecho, con esta práctica la relajación se da naturalmente. El objetivo es mucho más profundo que la relajación.

Jon Kabat-Zinn es profesor emérito de Medicina en la Universidad de Massachusetts, donde fundó y dirigió la Clínica para reducción del estrés (Stress Reduction Clinic) y el Centro para la atención plena (Mindfulness) en la medicina, el cuidado de salud, y la sociedad (Center for Mindfulness in Medicine, Health Care, and Society). Algunos dicen que Jon es considerado el padre de Mindfulness, aunque a él no le gusta ese término.

Es un método que tiene su origen en la meditación budista, pero, sin los componentes religiosos.

El Mindfulness es la capacidad de estar totalmente atento a lo que está pasando en el momento presente, es decir, estar absolutamente concentrados en lo que estamos haciendo, lo que está ocurriendo a nuestro alrededor y al mismo tiempo estar atentos a lo que ocurre en nosotros, en nuestro cuerpo físico, en nuestras emociones, en todo.

Generalmente vivimos en piloto automático y nos perdemos de vivir plenamente nuestro presente, esto nos trae diversos problemas en la vida, ya que ella está hecha de momentos y si no estamos realmente conscientes de nuestro presente se nos está escapando la vida.

Si nuestra mente, nuestra atención está vagando en el futuro, esos pensamientos nos producen ansiedad y preocupación, nos estamos cargando de energías negativas innecesarias y terminamos perdiéndonos de vivir el presente.

O si estamos errantes en el pasado, reviviendo mentalmente algo que nos haya ocurrido en el trabajo, alguna discusión familiar o cualquier evento cargado de emociones negativas, lo que en pocas palabras nos hace menos felices y más preocupados y el estrés hace que veamos cosas que realmente no existen y no veamos lo que existe realmente.

Cuando no estamos presentes tenemos la desdicha de cometer errores, el desempeño en nuestros trabajos no es óptimo, no escuchamos con atención, vemos pero no observamos, y en muchas ocasiones en una situación tensa es muy probable reaccionar en lugar de responder conscientemente.

Un ejemplo sencillo y común en nuestras vidas como darnos una ducha y mientras lo hacemos normalmente nuestra mente se dispersa con cotidianidades, como pensar en si tenemos los ingredientes necesarios para preparar la comida para el domingo, o dónde habré dejado las llaves del coche, en vez de prestar atención al baño en sí, concentrarnos en lo que estamos sintiendo, en disfrutar del agua, en disfrutar de ese momento a solas, de sentir el agua corriendo por nuestra piel, en sentir el aroma del jabón, en tomar consciencia de alguna emoción que podamos sentir en ese momento o si no sentimos nada en absoluto, eso también es observar a nuestro alrededor.

Algo muy importante en esta práctica es que debemos ser observadores cien por ciento (100%) imparcial, es decir, no juzgarnos, no usar calificativos negativos, sin adjetivar, que no servimos para esta práctica, es muy normal ser dispersos, lo que debemos hacer al notar que nos salimos del presente, frenar los pensamientos y volver a concentrarnos en lo que estamos haciendo.

No tiene nada de malo en ser dispersos, lo importante es darnos cuenta, hacemos nota mental de lo que ocurrió y devolver el foco de atención a nuestra práctica de atención o Mindfulness.

Suena sencillo, pero, el grado de dificultad y su grandioso poder se basa en la constancia, en que cada vez que sintamos que nuestros pensamientos se salen de la realidad y comienzan a viajar en el pasado o el futuro y detenernos, para luego retomar lo que estamos haciendo.

Con el Mindfulness aprendemos a disfrutar de esas cosas sencillas, aprendemos a conocernos, dejamos de perdernos de vivir el presente y comenzamos realmente a disfrutar plenamente de la vida.

Para practicar un poco este arte para aprender a vivir conscientemente y ver en qué consiste, podemos hacer algo muy sencillo y que conocemos, pero, que hemos dejado de hacer, algo que hemos olvidado, ya que, siempre, o la mayoría de las veces actuamos en automático, es simple y complicado de hacer, ¿y qué es? Es "parar y ser", es detener nuestra mente y vivir, experimentar lo que está sucediendo en nuestro entorno, es parar de divagar con la mente y concentrar nuestra atención al presente y ser es vivir nuestro presente plenamente, conscientemente de lo que sentimos y hacemos.

Cuando dejamos que la mente tome el control, dejamos que nos cargue de juicios, etiquetas, la mente está persistentemente llevándonos al pasado o al presente, apartándonos de lo único real que tenemos en nuestras vidas, que es el presente, el aquí y el ahora.

Recordemos que el pasado, el ayer ya no existe, el pasado fue en su momento el aquí y el ahora, pero ya dejó de serlo, el futuro, el mañana, cuando llegue, será el aquí y el ahora, pero aún no es, y esto es lo único real que tenemos, el presente, el aquí y el ahora.

Por eso debemos mantenernos concentrados en vivir el presente, debemos aprender a mantenernos firmes y no permitir que la mente tome el control de nuestras vidas, para así bajar un poco el nivel de estrés y de ansiedad.

Porque sí, vivimos en un mundo lleno de estrés y ansiedad, pero, es posible aprender de nuestros errores y comenzar a usar el Mindfulness en nuestra vida cotidiana.

Sin darnos cuenta quedamos atrapados constantemente en nuestros pensamientos, a todos nos pasa, pero con este arte, podemos comenzar a dejar de estar en "modo automático", podemos realmente tomar el control de nuestra experiencia de la realidad, pues no tenemos el control de nuestras vidas como creemos.

Dejar que la mente nos mantenga alejados del presente, nos hace perdernos de experimentar sentimientos, dejamos de notar la intuición, dejamos de escuchar a nuestro cuerpo y sus alarmas, dejamos de vivir feliz y despierto.

Otro ejemplo muy común es que a la hora de dormir nuestra mente no nos permite descansar, está funcionando y la escuchamos aún más ya que alrededor hay silencio. La mente está incesantemente pensando, recordando en si cerramos las puertas, en que mañana hay que hacer esto y aquello. Pensando en si nos alcanzará el tiempo para cumplir con todas las tareas pendientes y al levantarnos no hemos descansado y pasamos el día estresados y hasta malhumorados.

¿De qué se trata la Meditación?

Según estudios hechos por arqueólogos, gracias a figuras y grabados que fueron encontrados en la India, se ha determinado que la meditación proviene de al menos 3000 años antes de Cristo, figuras de personas sentadas en la posición que hoy conocemos como flor de loto, que es la usada para meditar, esto indica que la meditación tiene al menos 5 mil años de antigüedad.

Varios de los primeros registros escritos encontrados, son provenientes de las tradiciones de la India, para ser más exactos del Vendatismo que es un sistema metafísico muy antiguo, del año 1500 antes de Cristo.

Para esa época la información era transmitida a unos pocos, para lograr así la salvación y la unión con el creador. Estas enseñanzas se transmitían únicamente de boca en boca, entre maestro y aprendiz, existen más de mil versos, cantos o poemas de conocimiento, que es la manera en que se iban transmitiendo. Esos versos o cantos se fueron recogiendo en lo que se conoce como Los Vedas, que luego pasaron a ser los más antiguos registros y los más famosos llamado Mahabharata.

La palabra meditación procede del latín meditatio, que hace referencia a la acción y efecto de meditar o enfocar atentamente los pensamientos respecto a algo, el concepto está asociado a la concentración y a la reflexión profunda.

La Meditación es un método en el que la práctica trata básicamente en la concentración y la atención, mediante la cual entrenamos la mente o se induce a un modo de conciencia, la reflexión profunda que incluye técnicas para originar la relajación.

Es un método en el que podemos desarrollar los potenciales de la mente, a través de técnicas de relajación desarrollamos la compasión, cultivamos el amor, abrimos la paciencia, la generosidad, la energía interna o la fuerza de vida, el perdón, la lucidez, entre otros.

La mente puede ser entrenada, es desarrollable, eso lo podemos lograr mediante la práctica constante de la meditación, mientras más atención ponemos, más concentración logramos y más profunda podrá ser la meditación.

La meditación se practica desde la antigüedad, es muy habitual en la religión y la espiritualidad, pero, no es una religión en sí, solo es usada en algunas religiones.

Hay religiones que tienen la meditación como primordial cimiento. Existen diferentes maneras de meditación religiosas y hasta terapéuticas.

En el Budismo, la meditación es la base de esta religión, del término meditación o bhavana significa "cultivo de la mente", surgió de las enseñanzas de Siddharta Gautama, posteriormente conocido como Buda "El Iluminado", quien nació en India en el siglo VI a. C. (aproximadamente en el año 563 a. C.). La Iluminación es la esencia de la enseñanza budista, la cual tiene diversas maneras y técnicas definidas, la que permite que nuestra mente llegue a alcanzar un plano de entendimiento y realidad más allá de lo que hemos aprendido, ya que tiene que ver más con la parte sensorial. Nos sirve para aumentar la sabiduría y comprensión, para erradicar el sufrimiento.

Buda adquirió la iluminación a los 35 años de edad. Estuvo enseñando el Dharma, que es una palabra en sánscrito que significa 'propósito en la vida', por todo el noroeste de la India durante 45 años. A los 80 años comió unos alimentos en mal estado y se puso muy enfermo. Entró en una profunda meditación en un bosque y murió.

El budismo viene de la palabra budhi que significa despertarse, por lo que el budismo viene siendo la filosofía del despertar.

Las meditaciones budistas se dividen en dos grupos: el primero kshamata para cultivar y después vipasana

¿En qué consiste shamata?

Es mejor conocida como "el seguimiento de la respiración" así es como la describe el buda de la calle en los escritos tempranos. Esta meditación calma nuestra mente y enfoca la consciencia. Promueve las emociones positivas y expande nuestras perspectivas. El uso de un objeto de concentración es muy usado en esta técnica, puede ser con discos de colores, un mantra, una llama de una vela, pero la respiración es posiblemente la más usada para poder enfocar nuestra atención. Esta nos prepara para la siguiente.

Vipasana es un proceso de auto purificación, nos lleva a la visión clara de la realidad. Se inicia observando la respiración natural para concentrar nuestra mente, se deriva a observar con atención la naturaleza variable del cuerpo y la mente, es decir, es el conocimiento de la verdad a través de la experiencia directa. Es un remedio universal para problemas generales y no tiene nada que ver con ninguna religión organizada, ni mucho menos con una secta. Por este motivo todos podemos practicarla en cualquier momento y en cualquier lugar, sin importar a la religión a la que pertenezcamos.

Si mantenemos una rutina de meditación podríamos lograr devolverle a nuestra mente al estado básico y principal que posee la conciencia humana, la cual es muy capaz de comprender el significado de su existencia.

La meditación en el Cristianismo es diferente, ya que se enfoca en Dios, en su pensamiento, su obra y su palabra, se rige por los escritos que están en la Biblia, en los Santos o los textos escritos por Padres de la Iglesia Cristiana. Por ejemplo hay cristianos como San Agustín y Santa Teresa de Ávila que llegaron a comprender el significado esotérico del cristianismo, aplicándolo en ellos mismos, lo cual los llevó a practicar la meditación.

El objetivo básico de la meditación en el Hinduismo es alcanzar la espiritualidad, abrirnos al estado natural del ser y comunicarnos con la Divinidad, ver quiénes y cómo somos. Para lograrlo debemos acompañar ésta práctica con yoga, abstinencia y ayuno, para entrar en comunión con nuestro cuerpo, nuestro espíritu y nuestra mente, se usan deidades para adorarlas con cantos, inciensos y la meditación.

Los testigos de Jehová también usan la meditación, al igual que el

Cristianismo usan la Biblia, que nos habla de la meditación para reflexionar sobre las cualidades de Dios, sus normas y las creaciones. Esta biblia nos invita a meditar para ser mejores personas, para fortalecer la moral y el control sobre nuestras emociones, lo que nos puede ayudar a hablar y actuar de manera sutil y lúcida. Dice en el Salmo 1:3 que la persona que medita con frecuencia en Dios "llegará a ser como un árbol plantado al lado de corrientes de agua, que da su propio fruto en su estación y cuyo follaje no se marchita, y todo lo que haga tendrá éxito".

Las religiones Wicca basada en el Paganismo y el Druismo con bases en el Neo paganismo para lograr mantener una conexión con la Divinidad tienen como pilar fundamental la meditación.

Existe otra modalidad de la meditación, esta es la meditación guiada, son métodos poco conocidos, se trata de meditaciones escritas, en las que nos enfocamos también en calmar nuestra mente, conectar nuestro cuerpo y nuestro espíritu. Es una técnica que constituyen unas series de instrucciones pueden ser escritas o en audios, cuyo propósito es persuadir nuestro subconsciente para ayudarnos a resolver nuestros problemas.

También tenemos la meditación Zazen (Zen), palabra japonesa que significa meditación sentada. Es igual a la meditación vipasana, que se centra en la respiración y en observar nuestros pensamientos y experiencias que van a través de la mente y las experiencias del medio ambiente. Lo que marca la diferencia entre ellas es que en la meditación Zen se hace énfasis en la respiración en el vientre y en la meditación vipasana es en la nariz.

Para la práctica de la meditación debemos tener un sitio tranquilo en el que podamos sentarnos en posición de loto, un lugar preparado, sereno, exclusivamente para poder prestar atención, con nuestros ojos cerrados, vamos repitiendo un mantra, que nos lleve a un estado de profunda concentración.

Lograr el nivel de concentración profunda no se alcanza de un día para otro, es necesario ser disciplinado, constante, porque como un músculo que vamos trabajando va fortaleciéndose poco a poco.

La mayoría de nosotros nos encontramos dormidos, dispersos en nuestros pensamientos conscientes, la meditación nos ayuda a despertar de ese sueño, y nos permite vivir, experimentar de la vida plena.

La meditación es usada de manera terapéutica, la podemos usar para aliviar ciertas condiciones de salud.

La introspección es favorecida por la meditación, la introspección es el conocimiento que un individuo tiene acerca de sus propios estados mentales, y esto interrumpe el automatismo en el que estamos sumidos.

Según algunos estudios indican que gracias a la meditación podemos lograr el fortalecimiento de nuestra memoria, mejoramos la concentración y refuerza nuestra salud.

¿Por qué funciona y es tan efectivo?
Mindfulness.

En Inglaterra una revista médica llamada The Lancet, publicó un estudio en el que participaron 424 personas adultas con historia de depresión, quienes tenían un tratamiento con antidepresivos, los cuales estaban dispuestos a utilizar las pastillas y las terapias, fueron divididos de manera aleatoria situados a cada grupo. Aquellos que fueron asignados a Mindfulness pasaron por ocho sesiones grupales con más de dos horas, además se les pidió practicarlo en sus hogares y la opción de cuatro sesiones más para llevar un seguimiento durante un año. El estudio en Mindfulness fue basado en discusiones grupales y ejercicios cognitivos conductuales. Los participantes progresivamente fueron dejando las pastillas. Aquellos que fueron asignados al otro grupo se mantuvieron en sus tratamientos con los antidepresivos durante 2 años.

El estudio no arrojó los resultados esperados, apartando que hubo en cada grupo 5 incidentes desfavorables, incluyendo dos fallecimientos, las recaídas en ambos grupos fueron casi parejos, el grupo de Mindfulness con 44% y el de las pastillas con 47%.

Se pensaba que el estudio vendría a demostrarnos que la terapia podía ser más efectiva que las píldoras. Willem Kuyken, el autor principal, quien es uno de los investigadores, hizo el estudio basado en su trabajo previo y profesor de psicología clínica en la Universidad de Oxford dijo: "Esa era nuestra hipótesis. Estaba basada en nuestro estudio piloto en el año 2008. Hubo una sugerencia de que la terapia cognitiva basada en Mindfulness podría funcionar mejor que la medicación. La realidad no fue superior a la medicación"

Decidieron establecer que la terapia es igual de efectiva que las píldoras, y puede ser una opción para aquellos pacientes que no deseen seguir tomando la medicación por más años.

Sólo se demostró que Mindfulness puede ser una alternativa para esas personas con cuadros depresivos, arrojando como resultado la evidencia de que esta terapia posee un efecto protector muy parecido a la terapia con antidepresivos.

Mindfulness es muy efectivo para las personas que realmente logran concentrarse y mantenerse en el presente, en el aquí y en el ahora, ya que viven para logran alcanzar una vida plena.

Algunos de los beneficios de Mindfulness podrían destacarse:

- **Baja el nivel de estrés y de ansiedad, en la que disminuyen la producción de las hormonas del estrés, el cortisol y la adrenalina.**
- **Reduce la presión arterial y la hipertensión.**
- **El nivel de colesterol disminuye.**
- **Se terminan los problemas de insomnio.**
- **Protege el cerebro.**
- **Crece la capacidad de concentración.**
- **La inteligencia emocional se desarrolla.**
- **Las relaciones interpersonales mejoran considerablemente.**
- **Favorece la creatividad.**

Hay dos tipos de prácticas Mindfulness, una formal y otra informal.

La formal es la práctica que realizamos estando quietos, tumbados o sentándonos. Parar por unos minutos, calmando cuerpo y mente a la vez, observando nuestro interior, con la respiración, sin juzgarnos. De esta manera aprendemos a notar los pensamientos y emociones que son parte de nuestra experiencia vital. Dejándolos pasar y reconocerlos como temporales, no expulsándolos, ni apartándolos. Solo dejando que se esfumen y nos rindamos a la realidad.

La práctica informal es aquella que realizamos en nuestra vida cotidiana, es cuando estamos presentes en el aquí y el ahora, es decir, cuando estamos conversando con alguna persona, realmente le estamos prestando atención, cuando estamos sintiendo lo que hacemos, cuando estamos comiendo, de verdad estamos disfrutando nuestros alimentos, cuando estamos caminando y no andamos de manera automática. Es cuando estamos viviendo el presente, cuando el ruido mental no está llenándonos de autocríticas, juzgándonos, ni cargándonos de ansiedad.

Meditación.

Ahora bien, la neurociencia que es una rama de la ciencia que estudia el sistema nervioso y todos sus aspectos, la estructura, función, entre otros y de cómo sus diversos elementos interactúan, dando lugar a las bases biológicas de la cognición y la conducta. Esta ha comenzado a notar el inmenso dominio de la meditación en el cerebro.

La primera vez que se establece qué tipo de práctica mental produce qué efecto y cuáles son los procesos cerebrales involucrados en cada técnica. La meditación modifica las zonas del cerebro relacionadas a la atención, las capacidades socio-afectivas y socio-cognitivas dependiendo de las técnicas empleadas son las que se han obtenido según estudios.

Según un estudio realizado por científicos del instituto Max Planck de Ciencias Cognitivas y del Cerebro en Leipzig, Alemania, que arrojan resultados que son publicados en Science Advances, se muestra que la meditación modifica el diseño de algunas zonas de nuestro cerebro y logra mejorar las habilidades sociales y minimiza los niveles de ansiedad.

Ya teniendo el conocimiento de que la meditación se va desarrollando a través de una gran diversidad de técnicas de entrenamiento mental, las cuales pueden ser practicadas por cualquier persona. Se ha repetido que la meditación puede tener un efecto positivo en algunos aspectos de la salud.

Pero, aún no nos queda claro de qué tipo de práctica mental produce qué efecto y cuáles son los métodos que permanecían ocultos de los efectos detectados.

Los participantes en esta investigación fueron 160 personas, quienes realizaron tres tipos de entrenamientos, comprendidos en tres meses de duración cada uno de ellos y enfocados en un área de habilidades específico. Cada grupo debía realizar los ejercicios durante 30 minutos al día, seis días a la semana.

En el primero de ellos el cual fue dedicado a los factores de conciencia y atención plena, en el que los participantes hicieron técnicas básicas de respiración, atención a las sensaciones y la meditación.

El segundo programa estuvo dedicado a las competencias socio-afectivas, como lo son la gratitud, la empatía y la compasión, aquí a los participantes se les pidió trabajar en parejas para así poder compartir sus emociones.

El último y tercer programa, estuvo centrado en actividades socio-cognitivas, como la autopercepción y adquirir la perspectiva de los otros. Aquí los participantes aprendieron a tomar diversas perspectivas de aspectos de su personalidad a partir de experiencias subjetivas, que compartían a través de ejercicios específicos y también en parejas.

Los científicos tomaron registro de cada uno de los participantes a través de tests psicológicos, les midieron la actividad cerebral por medio de resonancias magnéticas y utilizando diversos análisis para determinar los niveles de estrés en el organismo, como la liberación del hidrocortisona (cortisol).

Lo que observaron los investigadores al finalizar el primer grupo de los programas, fueron los cambios en áreas de la corteza cerebral unidas a la atención, mientras que los otros dos grupos centrados en las competencias socio-afectivas y socio-cognitivas. Aquí determinaron mejoras en los aspectos como la toma de perspectiva o la compasión, y cambios en las áreas del cerebro donde se desarrollan dichas habilidades.

Y para finalizar, a través de una evaluación de estrés psicosocial se manifestó que la secreción de hidrocortisona o cortisol (recordemos que esta hormona es la del estrés) disminuyó más de un 51%, a pesar que solo después de terminar los dos programas basados en el desarrollo de competencias sociales. No se percibió esa disminución acabar el primer programa, destinado a fomentar la atención. Sin embargo, al terminar cada uno de los tres programas, sí se había reducido la percepción subjetiva del estrés.

Constantemente se realizan estudios científicos, a continuación veremos otro de ellos.

En el año 2015, en Estados Unidos, el Washington Post publicó un artículo en el que habla sobre un estudio que la Universidad de Harvard realizó, dirigida por la Doctora Sara Lazar, quien aparte de trabajar en Harvard, también labora en el Hospital General de Massachusetts, utilizando la mejor tecnología que permite leer la actividad cerebral.

A través de este estudio se confirma que la meditación, además de disminuir el estrés, también transforma la fisiología de tu cerebro basada en relación a los efectos de la meditación.

Indica por ejemplo, que aquellas personas que llevan años practicando la meditación la materia gris del cerebro es más grande que aquellas personas que no meditan. La materia gris, con el pasar de los años de manera natural la vamos perdiendo y el cerebro tiende a hacerse más pequeño; pero, este estudio demuestra que las personas que han meditado durante años y tienen más de cincuenta años de edad, tienen la misma cantidad y volumen de materia gris en el cerebro que una persona de unos 25 años de edad.

Meditar durante aproximadamente diez minutos al día nos permite experimentar de beneficios significativos como la reducción del estrés y la ansiedad. Al meditar en veintisiete minutos al día permite al cerebro comenzar a experimentar grandes cambios físicos en tan solo unas ocho semanas.

Según los hallazgos de los investigadores de la Universidad de Harvard, hubo un crecimiento de volumen fisiológico en cuatro regiones distintas del cerebro:

En la cingulada posterior, que se relaciona con la divagación mental y la importancia que se da uno mismo.

En el hipocampo izquierdo, que ayuda en el aprendizaje, la comprensión, la memoria y la regulación de las emociones.

En el temporoparietal, que se relaciona con la toma de perspectiva, la empatía y la compasión.

En un área del tronco cerebral llamado el pons, que es donde se generan los reguladores neurotransmisores.

El grupo de personas que participaron en el estudio, se obtuvo un hallazgo fascinante, que indicó que a medida que iban avanzando en el programa de meditación, también se detectó una reducción física en el volumen de la amígdala, que es la parte del cerebro que tienen que ver con la ansiedad, el miedo y el estrés en general conocido como cerebro reptiliano.

Así que en pocas palabras, el estudio arroja que meditar en aproximadamente veintisiete minutos al día durante ocho semanas hizo que las partes del cerebro que se relacionan con la inteligencia, la memoria, la paz y la felicidad, aumentan su volumen físico. La parte del cerebro que se relaciona con el estrés, la ansiedad, la violencia y el miedo disminuyó su volumen físico.

Esto no significó ninguna pérdida de los reflejos ni beneficios que aporta la amígdala. Lo que solo nos indica que la meditación es una práctica que permite ejercitar los músculos del cerebro que nos ayudan, mientras que al dejar de ejercitar los músculos que pueden ser perjudiciales si se trabajan en exceso.

Utilizando este método para liberarte del estrés y estar más consciente en el momento del hoy en el día a día.

Uno de los conceptos significativos en Mindfulness y que debemos tener en cuenta es el concepto de aceptación, que consiste en aceptar y reconocer la realidad tal y como es en el presente sin oponernos a ello.

El desapego es otro de los conceptos claves, es desprenderse a lo que nos hemos aferrado. Para la práctica de Mindfulness es muy importante, ya que sin él es improbable la meditación de dicha técnica.

Ya conocemos los beneficios que las prácticas de Mindfulness y la Meditación traen a nuestras vidas.

Para liberarnos un poco del estrés en el que vivimos y utilizando las técnicas ya aprendidas, recordando que debemos apagar la mente y concentrarnos en lo que estamos haciendo. Existen diversas formas, necesitaremos al menos dedicar treinta minutos al día y podemos utilizar cualquier objeto de nuestro alrededor como una herramienta para el Mindfulness.

Como los sonidos: podemos usar algún sonido en particular y enfocarnos en ese sonido, bien pueden ser ambientales, del mar, del viento entre los árboles, sonidos de flautas, etc. Podríamos también escuchar música, que nos puede brindar algunos beneficios extras.

Prestando atención, bien concentrados, dejando de lado los juicios, abrirnos a las sensaciones físicas de nuestro cuerpo, esto puede proporcionarnos una experiencia de meditación profunda y así luchar con el estrés emocional.

Para los principiantes de este arte uno de los obstáculos primordiales en la meditación viene a ser la imposibilidad de despejar la mente. Cuando nos sentamos a meditar, los pensamientos se fortalecen, hasta que poco a poco vamos aprendiendo a calmarlos. Así que en vez de comprometernos con esos pensamientos, lo ideal es etiquetarlos y dejarlos ir cuando vienen a nuestra mente.

Una de las pocas cosas de la vida que son invariables en nuestras vidas es la respiración, sin darnos cuenta constantemente estamos inhalando y exhalando. Ya con el simple hecho de darnos cuenta de que respiramos podría llevarnos a una relajación física y emocional.

Existe una manera muy saludable y positiva de usar el sentido del gusto para satisfacer nuestros antojos, ya que muchos llegamos a usar una forma de liberar el estrés comiendo dulces, dándonos unos buenos atracones en la nevera, de manera simple y agradable podemos explorar la atención plena y hasta la relajación usando nuestras papilas gustativas mediante ejercicios de Mindfulness.

Tomando en cuenta los beneficios de la meditación, bien sabemos que podemos usar ese método para liberarnos del estrés que tantos estragos está causando en la vida moderna. En nuestros trabajos pasamos mucho tiempo sentados, el tráfico nos sube los niveles de estrés, el dinero, la renta, los niños, incluso los cambios climáticos pueden producir estrés y subir nuestros niveles de ansiedad.

Las cosas cotidianas más simples hacen que pasemos más tiempo estresados que realmente disfrutando de nuestro día a día. Con la práctica de la meditación vamos entrenando nuestra mente o induciéndola a un modo de conciencia.

Por un lado tenemos lo que conocemos como conciencia plena, conciencia pura o atención consciente, que es una facultad espiritual o psicológica considerada de gran valor para el camino que nos lleva a la iluminación, esto es, según las enseñanzas de Buda Gautama: es la que se mueve por ejemplo en la experiencia y la percepción propia, es decir, de tener la capacidad para recibir mediante los sentidos las imágenes, impresiones o sensaciones externas, o comprender y conocer algo. Por otro lado está lo que conocemos como la meditación de concentración.

Uno de los más grandes maestros y por cuyas enseñanzas está basado el budismo, es Siddharta Gautama, más conocido como Buda Gautama, Sakiamuni, o simplemente el Buda, quien fue un asceta y sabio. Nació en la ya desaparecida república Sakia en las estribaciones del Himalaya y enseñó principalmente en el noroeste de la India.

Buda nos enseña que: El mundo exterior es únicamente una manifestación de la mente en sí misma. La mente lo capta como un mundo exterior simplemente por su costumbre de seleccionar y de razonar falsamente. El discípulo debe hacerse el hábito de observar la verdadera esencia de las cosas.

Tras leer esto nos damos cuenta que realmente nos preocupamos de más por el mundo exterior, podemos cambiarlo aprendiendo a observar la esencia de nuestro entorno, este tipo de preocupaciones innecesarias son las que comúnmente nos producen estrés. Tenemos las herramientas para bajar nuestros niveles de estrés, sólo debemos aprender a usarlas.

Buda le dejó a la Humanidad el ejemplo de que todo ser humano puede alcanzar la Iluminación, la posibilidad de liberarse de todo egoísmo y del sufrimiento existencial. Siendo un príncipe abandonó todo para encontrarlo todo y conformar una comunidad de practicantes que luego llevó sus enseñanzas a todo el mundo en pos de una verdadera transformación espiritual.

El gran Gurú, Osho o Bhagwan Shree Rajneesh quien fue el líder de un movimiento espiritual de origen indio. A lo largo de su vida fue conocido con varios nombres: Acharia Rajneesh, Bhagwan Shree Rajneesh y Osho.

Osho dijo: *"La vida no te está esperando en ninguna parte, te está sucediendo. No se encuentra en el futuro como una meta que has de alcanzar, está aquí y ahora, en este mismo momento, en tu respirar, en la circulación de tu sangre, en el latir de tu corazón. Cualquier cosa que seas, es tu vida y si te pones a buscar significados en otra parte, te la perderás"*

Simples palabras que si las analizamos notamos que realmente estamos automatizados, la vida se nos está yendo de las manos y no nos estamos dando cuenta de ello, sí, lo que hagamos hoy repercutirá en nuestro futuro y debemos forjar una buena senda para tener un mejor futuro, pero no debemos dejar de vivir el presente, de disfrutarlo, de sentirlo. Recordemos que el vivir pensando en el futuro crea mucha ansiedad en el presente y debemos mantenernos enfocados en vivir en el aquí y el ahora.

Todas estas son prácticas que nos ayudarán a estar más conscientes para así poder disfrutar de nuestro día a día.

Cómo incorporar la meditación a tu rutina diaria

Cuando nos hablan de la meditación o leemos ese término, inmediatamente visualizamos en nuestra mente a un Buda sentado sonriente y feliz. Pero no es tan fácil como nos lo hace ver Buda.

Aunque pueda llegar a ser un reto bastante complicado, porque no siempre se dispone del tiempo necesario para incorporar la rutina, pero una vez que lo logremos no vamos a concebir la vida sin la meditación, porque nos brinda muchos beneficios para la salud mental y física y son inmediatos.

Desde hace miles de años diversas culturas y religiones han practicado la meditación para alcanzar paz interior y claridad mental.

Hoy en día, no todos disponemos de un tiempo necesario para incorporar la meditación a nuestras rutinas diarias, puede ser un reto bastante complicado, pero, no es imposible hacerlo, si comenzamos por periodos cortos, de unos dos minutos diarios y luego ir incrementando el tiempo, poco a poco, sin darnos cuenta estaremos extendiendo el tiempo usado para meditar a nuestras rutinas diarias.

Debemos recordar que la mente es como un músculo, hay que ir trabajándolo de a poco, pacientemente y sin desesperarnos, manteniendo la concentración, manteniéndonos enfocados, ambientando y creando las condiciones idóneas en nuestros hogares o incluso en nuestro sitio de trabajo, ya que se puede meditar en cualquier lugar y momento del día, sólo debemos seguir las instrucciones o pautas de meditación hasta lograr hacerlo correctamente.

Algunos estudios científicos han comprobado que la meditación tiene efectos positivos que van más allá de lo subjetivo y lo emocional, se ha comprobado que nos ayudan a reducir el estrés y todos los síntomas perjudiciales que este causa en nuestros cuerpos.

Los niveles de hidrocortisona o cortisol, que es una hormona que al estar en un alto nivel se inflama y produce dolores musculares, comienza a dolernos la cabeza, produce malestar estomacal. El cortisol elevado también nos causa insomnio, irritabilidad, ansiedad y hasta llega a reducir el apetito sexual.

Hay una famosa frase anónima que dice: "La práctica hace al maestro". Nos indica que mientras más tiempo le dediquemos a la meditación, mejor lo iremos haciendo, hasta lograr vencer a esos "ladrones" de nuestra paz mental.

Consejos para ir incorporando la meditación en nuestra rutina diaria:

Elegir el momento ideal, un momento en el que nadie nos interrumpa.

Buscar el sitio conveniente, sólo necesitamos que sea tranquilo, sin ruidos y que nos invite a la calma.

Adoptar una postura cómoda, sobre un asiento cómodo, hay una postura clásica simple llamada 7 puntos de Vairochana, consta de 7 pasos a seguir:

* **Mantener la espalda bien erguida, sin tensión.**

* **Las manos relajadas sobre las piernas, derecha sobre izquierda justo debajo del ombligo.**

***Las piernas cruzadas en la postura conocida como Bodhisattva, Si nos llega a resultar complicado podemos sentarnos en una silla colocando los pies bien plantados en el suelo.**

***Los codos un poco hacia afuera y los hombros separados, caídos hacia atrás.**

***La cabeza inclinada hacia adelante con la barbilla ligeramente metida hacia adentro.**

***Los ojos dirigiendo la mirada hacia nuestra nariz, ni muy cerrados, ni muy abiertos.**

***Los dientes y labios sin tensión, de forma natural, respirando por la boca, manteniendo la lengua apoyada en el paladar blando**

- Meditar con el estómago vacío, así como cuando vamos a practicar algún deporte, el motivo es porque el cuerpo se encuentra realizando la digestión y concentra su atención en el aparato digestivo. Es por este motivo que para hacer un buen ejercicio de meditación es necesario tener el estómago vacío, sin ir al extremo de tener mucha hambre y esto no nos permita concentrarnos.

- Concentrarnos en nuestra respiración, no cambiarla, meditar es tan fácil como respirar como normalmente lo hacemos, pero, manteniendo la mente atenta a cada inhalación y exhalación sin esfuerzo, si lo hacemos de manera correcta la mente alcanzará al estado meditativo.

- Eliminar los ruidos, a pesar de que el ruido es una característica muy común en nuestra vida diaria. Lo primero es apagar nuestro móvil, para no distraernos y centrar toda nuestra atención en el cuerpo.

CAPITULO 2
CREANDO HÁBITOS QUE SIGUEN LA LÍNEA
DEL MINDFULNESS

CÓMO DESARROLLAR HÁBITOS MINDFULNESS

Podemos ir probando bien sea por una semana, un mes o lo que consideremos, sería genial, para ir desarrollando el hábito.
Para comenzar esta prueba debemos tener en cuenta los siguientes pasos que nos recomienda José María Doria, presidente de la Escuela Española de Desarrollo Transpersonal:

Detenernos y observar: Esto es detener la mente, respirar y observar lo que ocurre en nuestro cuerpo en ese instante. Quizá notemos que nuestra mandíbula está apretada, el entrecejo fruncido, tal vez tengamos hambre. Ver qué está pasando en nuestra cabeza. Es recomendable hacer esto cada cierto tiempo durante el día.

Volver al aquí y al ahora: Podemos usar una alarma para ir creando el hábito de volver al presente. Para esto debemos parar, respirar de manera consciente y retomar lo que estábamos haciendo.

Dar un paso atrás: Es otra manera de observar, desde el punto de un espectador. Salir de nuestra propia mente y observar los pensamientos. Podríamos usarla varias veces al día por un corto período de tiempo. Es para recordarnos que no somos lo que tantas veces creímos ser.

Respirar: Esta actividad consiste en hacer cuarenta (40) respiraciones, contándolas una a una al exhalar. Así de es una forma de practicar la respiración consciente y calmamos nuestra mente.

Se sugiere no acelerar el ritmo respiratorio, al momento de distraernos, de desviar el pensamiento a otra cosa, paramos y retomamos la cuenta hasta llegar a las 40.

Aceptar nuevos pensamientos y emociones: Constantemente nos llegan nuevas emociones, sensaciones e ideas, bien sean buenos o malas, Doria nos recomienda darles la bienvenida y atenderlos. Agradecerles que vengan. En fin, observar y atender las emociones nuevas que lleguen a nuestros cuerpos.

Poco a poco, usando estas recomendaciones podemos ir desarrollando el hábito de usar Mindfulness en nuestras vidas.

RUTINA DE 10 MINUTOS DE MINDFULNESS PARA INCLUIR A TU RUTINA DIARIA

Generalmente andamos sumergidos en nuestras rutinas diarias, trabajando horas extras, varados por mucho tiempo en el tráfico de la ciudad, con problemas personales, el estrés termina apoderándose de nuestros cuerpos, trayendo consecuencias muy malas para nuestro organismo, como el insomnio, desórdenes alimenticios, en muchas ocasiones llevándonos a la depresión. El estrés está considerado como el gran mal del siglo XXI.

El ejercicio físico, la música, la meditación son muy recomendadas por los expertos en la materia para ayudarnos a calmar nuestros nervios.

Mindfulness tiene infinidad de rutinas que tan sólo con 10 minutos al día son suficientes para tranquilizarnos.

Lo primordial al momento de comenzar a practicar Mindfulness y la meditación es apagar o poner en modo avión nuestro móvil, para así alcanzar una mayor concentración y mantenernos en el presente y atentos a lo que estamos realizando.

A continuación algunas de las rutinas que podemos incorporar, son simples, son sencillas de hacer y realmente funcionan:

CONCÉNTRATE EN LA RESPIRACIÓN:

Respirar profundamente reduce la tensión y libera estrés debido al aumento de la carga del oxígeno. La respiración es la base de todo ejercicio de meditación, puede que nos parezca tonto, pero lo cierto es que usar las técnicas de respiración profunda nos liberará de la ansiedad y nos ayudará considerablemente a disipar situaciones de presión bien sea en el trabajo como en cualquier otro ámbito de nuestras vidas. Puede que lo veamos sencillo, pero hay que hacer el ejercicio cabalmente:

Debemos sentarnos con la espalda bien recta, luego colocamos una mano en el pecho y la otra en el estómago. Respiramos lentamente por la nariz, retenemos el aire por unos segundos y exhalamos lentamente hasta vaciar el aire por completo.

Repetimos esta técnica las veces que sean necesarias durante dos o tres minutos, que es aproximadamente el tiempo en que vamos a comenzar a sentirnos más relajados. No, no es un truco. Esta noche hagamos la prueba justo antes de irnos a la cama, nos ayudará a conciliar el sueño.

LA TÉCNICA DEL OBJETO EXTERNO:

Concentrando toda nuestra atención en un objeto en concreto es una de las maneras de liberar tensiones, puede ser algo tan sencillo como un vaso, una mesa, una flor, un bolígrafo o hasta nuestros anteojos. Para este ejercicio podemos elegir la posición que deseemos utilizar, la recomendación es sentarnos delante del objeto que escogimos y mirarlo fijamente por al menos tres minutos. En ese período de tiempo debemos intentar observar bien cada uno de los detalles del objeto elegido: su forma, textura, color, tamaño, etc.

Puede que lo veamos algo tonto, pero, lo cierto es que, por medio de esa fórmula conseguiremos distraer nuestro cerebro el tiempo suficiente para eludir los problemas o preocupaciones que nos estén agobiando en ese momento.

DIRIGIR LA ATENCIÓN HACIA LAS DISTINTAS PARTES DE NUESTRO CUERPO:

Son múltiples las consecuencias negativas que el estrés nos aporta, que a pesar de lo que hagamos terminará pasándonos factura a nuestro cuerpo y nuestra piel, en esta última es donde más se nota. De los efectos más habituales vienen a ser los dolores en los músculos de los brazos o las piernas y la espalda. ¿Cómo podemos evitarlos? De manera muy fácil, mientras estamos tumbados en el sofá o en la cama, cerramos nuestros ojos y concentramos nuestra atención en diferentes partes de nuestro cuerpo, específicamente en aquellas donde sentimos más tensión. Luego, respiramos profunda y regularmente mientras intentamos descargar esa presión. Es recomendable que hagamos este ejercicio lentamente, comenzando primero por la cabeza, los ojos, los oídos, el cuello y así hasta llegar a los pies.

Existen muchísimas otras rutinas aparte de estas tres que acabamos de leer, que nos servirán para combatir la ansiedad. Debemos ser constantes, ahí es donde está la clave, hay que ir añadiendo estos ejercicios de manera regular en nuestra rutina diaria y así decirle adiós al estrés.

No hacer nada, literalmente: Para utilizar este ejercicio en Mindfulness lo primordial sería apagar nuestro móvil o ponerlo en modo avión. Este es un ejercicio que nos ayudará a vaciar la mente, ineludiblemente. A través de esta práctica podremos detectar qué pensamiento del día es el que más nos produce ansiedad, nos preguntamos ¿cómo será posible? Sencillo, es el que nos interrumpirá con más frecuencia en nuestras reflexiones positivas.

Dibujar mandalas: Aparte de estar de moda, trae numerosos beneficios para el cerebro y nos ayuda a desarrollar las capacidades mentales. Mándala significa en sánscrito centro, círculo o anillo mágico y evoca las fuerzas que rigen el universo. Se pueden conseguir en las librerías muchos tipos de cuadernos para colorear mandalas, o simplemente toma una hoja, lápiz o bolígrafo y listo. Pintar mandalas es una de las múltiples técnicas de relajación oriental. Es una expresión del alma, armoniza nuestro mundo interior con el exterior, despierta los sentidos y estimula la creatividad. Al colorear mandalas logramos un balance en el cuerpo, la mente y el espíritu, es una de las mejores formas de expresión, aparte de ser divertido, nos ayuda a calmar nuestra mente. Se pueden alcanzar niveles profundos de relajación gracias a esta técnica.

RUTINA DE MAÑANA

Cada mañana al despertarnos, debemos prepararnos para salir a enfrentar el día a día, y lo ideal es hacerlo con nuestras energías positivas, con una sonrisa en nuestros rostros. Sin atosigarnos con los pendientes del día.

Recordando que Mindfulness es para mantenernos en el aquí y el ahora, para estar presentes y alcanzar una vida plena.

Cada mañana al despertar podemos practicar Mindfulness y para hacerlo es recomendable seguir los siguientes pasos, que son muy sencillos de realizar, vamos a hacerlo sin estar atentos a nuestro móvil.

Salir del sueño: Asegurándonos de estar presentes, aquí y ahora, realmente despiertos, aun estando en la cama. Antes de levantarnos y ponernos a pensar en todas las tareas pendientes para el día, preguntarnos a nosotros mismos si hemos dormido bien, como amanecemos, hacerlo con amabilidad, o simplemente "sentirnos" amaneciendo en un nuevo día, prestando atención en las sensaciones físicas.

- **Desayuno:** Podemos transformar nuestro desayuno diario en un ejercicio Mindfulness. Lo primero es elegir lo que vamos a comer, lo que vamos a beber. Tomando en cuenta que el desayuno es la comida más importante del día. Vamos a preparar todo sin apuros, sintiendo lo que estamos realizando, sin juzgarnos, manteniendo alejados los pensamientos. Luego, vamos a observar lo que vamos a comer y tratar de reconocer el origen natural. Agradecemos por estos alimentos, comenzamos a comer y disfrutar de cada bocado, saboreando lo que estamos ingiriendo, sintiendo que estos alimentos van a llenar nuestro cuerpo de energía, apreciando los olores que salen de nuestra comida.

- **Ducharnos con atención plena:** Sintiendo realmente el

agua, apreciando el olor del jabón, los cambios de temperatura, el aroma del champú.

- **Peinándonos:** Atendiendo a la experiencia en nuestro cuero cabelludo, a los cambios en el pelo, los movimientos de nuestros brazos.

- **Lavándonos los dientes:** Prestando toda nuestra atención en la mano, el cepillo, la pasta y las sensaciones generadas en dientes, encías, lengua, etc.

- **Café concentrado:** Puede ser té, zumo, o simplemente agua, o que sea que desayunemos. Prestando atención al sonido de la cafetera o de la tetera, observando con atención el proceso de preparación de nuestra bebida y despertar nuestro olfato con ese aroma. Observa detenidamente los colores cambiantes si es que hacemos alguna mezcla. Sintiendo el calor de la taza en nuestras manos, el tacto en la cara del vapor. Posteriormente, examinando el sabor de nuestra bebida ingiriéndola en pequeños sorbos.

Cualquier comida o bebida a lo largo del día sirve para este ejercicio de conciencia plena. Utilizando los alimentos para hacer un recorrido consciente de nuestros sentidos.

Movernos para conectar con nuestro Cuerpo: Para la práctica de Mindfulness es una buena oportunidad para el ejercicio físico. Prestemos mucha atención principalmente en tres aspectos importantes: la respiración, las posturas que adoptamos y los movimientos que hacemos, minuto a minuto. Si estamos corriendo, escuchemos el sonido de nuestros pies sobre el suelo, sintamos el aire en la piel. Si levantamos pesas, sintamos la barra de metal frío en nuestras manos. No dejemos que los pensamientos negativos y las distracciones se adueñen de nuestro cuerpo. Dejaremos pasar toda distracción y nos centramos en nuestro cuerpo.

Dar una oportunidad a la aromaterapia: En el plano científico no existe una aceptación que dicte que sea eficaz el uso de la aromaterapia, pero, nosotros podemos usarlo como un ejercicio para relajarnos en el que podemos concentrarnos en el aroma, también trabajando la respiración y concentrándonos en ella, puede llegar a ser muy agradable, además de que aromatizas el sitio que hayamos utilizado en nuestro ejercicio

Un respiro a media mañana: Si en nuestro trabajo no se nos permite tomar un break de 15 minutos, no se nos permite salir del área laboral para dar un corto paseo por un parque, No importa, podemos dedicar al menos 5 minutos para cerrar nuestros ojos tomar un respiro conscientemente, podemos buscar un sitio ventilado, si es que lo hay, y si hay plantas mucho mejor, también puede ser desde nuestra silla. Hacemos una pausa laboral, cerramos nuestros ojos, tomamos consciencia de nuestra atención, la dirigimos a una respiración lenta y pausada, sintiendo como el aire entra en nuestros pulmones y luego va saliendo lentamente purificando nuestro organismo. En cuestión de cinco minutos vamos a sentirnos mejor y recuperados. Retomamos lo que estábamos haciendo en el trabajo, ya más calmados, equilibrados y tratando de mantener una respiración regular durante el resto de nuestra jornada laboral.

RUTINA DE TARDE

Para este mundo en el que vivimos llenos de estrés y ansiedad, Mindfulness es como un maravilloso regalo, es muy parecido a tener un interruptor de encendido y apagado mágico, que nos permite salir de nuestros pensamientos, salir de nuestros propios juicios y autocriticas, y nos trae a la realidad presente.

No necesitamos reajustar nuestra agenda diaria, ni hay que robarle tiempo a nuestros quehaceres. Con los ejercicios que vienen a continuación, son para que podamos entrar a un bienestar mayor.

Para las horas de mediodía o en el transcurso de la tarde, bien sea entre semana o los fines de semana, eso dependerá de cada uno de nosotros.

- **Estirarnos:** Tomándonos un descanso a mediodía, por ejemplo, y salimos de la oficina o de donde estemos y hacemos algunos estiramientos básicos. Desperezándonos como un gato, bien a gusto. Aparte de ser un ejercicio muy sano, es una gran ocasión para la atención plena. Fijándonos en cómo se mueven nuestros músculos y apreciando cada sensación, seguramente nos traquearán algunos huesos.

- **La escucha atenta:** Durante alguna conversación en el día, con quien sea que estemos interactuando, vamos a proponernos escucharle usando toda nuestra atención, Usando nuestras dos orejas y oídos. Cuando esa persona se dirija a nosotros, tomamos un respiro, aterrizamos en el presente, en el aquí y ahora, abrimos bien nuestro sentido del oído y con atención le escucharemos sin interrumpirlo, sin dar nuestra opinión, sin completar las oraciones de nuestro interlocutor. Con este ejercicio iremos fomentando y transformando nuestras relaciones con otras personas.

- **Dar un paseo:** Además de llegar a ser placentero, nos sirve para mantener la figura. Seguramente algunas personas opinarán que para este ejercicio hay que tener un outfit en específico, como el usado cuando salimos a correr, pero, no debemos preocuparnos por eso, porque sólo vamos a necesitar ropa y zapatos cómodos. El paseo lo podemos hacer caminando en un parque, si no hay uno cercano, podemos simplemente caminar en la zona en la que vivimos. Respirando de manera consciente, observando bien por dónde vamos caminando, disfrutando de nuestro entorno, de los árboles, los colores, de todo, desechando los pensamientos de nuestra mente y sintiendo con cada músculo nuestro andar. Si tomamos esta rutina, debemos ser precavidos, no usando la misma ruta siempre.

- **Hacer garabatos:** Aunque no sepamos dibujar de manera profesional, todos hemos dibujado con palitos. Lo cierto es que todos tenemos la capacidad de dibujar y hacer garabatos.

La idea es expresarnos de manera visual. Elige una idea y toma el lápiz y la hoja y comienza simplemente a hacer garabatos, concentrémonos en lo que va saliendo.

Pongamos toda nuestra atención en este ejercicio y dejemos que nos sirva de descanso corto. Usando esta manera visual puede ayudarnos a centrarnos y va dejando al descubierto ideas que eran inexistente para nosotros. Este ejercicio requiere concentración y nos ayuda a entrenar la atención plena o Mindfulness

- **El auto-chequeo:** Haciendo una pausa para apreciar el estado de nuestro cuerpo y de nuestra mente. ¿Cómo es nuestra postura? ¿Estamos apretando las mandíbulas? ¿Tenemos hambre? Será sorprendente lo que iremos aprendiendo sobre nosotros mismos a través de estos registros si lo practicamos habitualmente. Sería genial si usáramos una alarma para hacernos pequeños chequeos, cada hora por ejemplo y cuando suene la alarma conectar con nuestra intimidad, cuando vuelva a sonar preguntarle a nuestro cuerpo si necesita algo.

- **Fuera auriculares (cascos):** Es muy normal que al ir de la casa al trabajo y viceversa, cuando salimos a correr o cuando simplemente tomamos un paseo, lo hagamos usando los auriculares. Vamos escuchando música o la radio, este hábito nos mantiene alejados de la realidad, de lo que sucede a nuestro alrededor. En este ejercicio lo que haremos es guardar los auriculares, vamos a prestar atención a nuestro entorno, escuchemos el cantar de los pájaros, observemos a las personas que caminan junto a nosotros, sintamos el viento cuando choca en nuestro cuerpo, observemos a los perros que juegan en el parque. Apreciemos los aromas de los restaurantes que nos topemos en el trayecto que nos dispongamos a recorrer. Estemos plenamente atentos y presentes.

- **Vaciar el disco duro:** Para este ejercicio necesitaremos una hoja en blanco y un lápiz, por espacio de unos minutos, entre 10 y 15 minutos, nos sentamos y lo que sea que venga a nuestra mente lo vamos escribiendo, recordando que no debemos juzgarnos. Todos los pensamientos que se vengan en ese momento, sin elegir, sin prioridades, sólo plasmando en el papel, es parecido al ejercicio anterior, pero, en vez de dibujar garabatos iremos escribiendo palabras, lo que nos ayuda a clarificar. Es como quitarle la maleza al jardín de nuestra casa, al despejarlo se ve más lindo el jardín, y podamos revelar tesoros que seguramente estaban ocultos detrás de esa maleza.

- **Nadar:** Esta práctica puede ser utilizada también para la práctica de Mindfulness, en la que vamos a mantener nuestros cinco sentidos bien atentos, la piel para sentir el agua, la respiración, la visión, dedicando este tiempo para conectarnos con nosotros mismos en el aquí y el ahora. Disipando esos pensamientos tóxicos que nos producen estrés y ansiedad. Lo mejor de utilizar éste ejercicio es que no sólo nos mantenga en el presente, además nos sirve para mantener nuestro cuerpo activo, nos ayuda a adelgazar. El tiempo que le dediquemos al nado va a depender de cada individuo.

- **Cocinar (algo):** No es necesario ser un experimentado chef, ni es necesario estudiar para serlo. La idea es planificar, conseguir los ingredientes, dedicarle un tiempo a cocinar algún plato que nos guste. Mientras vamos preparando la comida que hayamos elegido, respirar, sentir la textura de las verduras, los aromas, desechar esos pensamientos que nos distraen y nos sacan de nuestra realidad. Es una buena técnica, ya que, nos obliga a prestar atención a lo que estamos haciendo y el extra es poder disfrutar de un delicioso plato de comida, que podemos compartir con la familia.

RUTINA DE NOCHE Y ANTES DE ACOSTARSE

Al término del día, estamos, en muchas ocasiones muy agotados, cargados de estrés, de mal humor, pero, aún nos esperan algunos quehaceres del hogar, como atender a los hijos, hacer los deberes jugar con ellos, atender a la pareja o a nuestra mascota.

No podemos dejarnos llevar por esas energías negativas, debemos buscar la manera de calmarnos, de equilibrar nuestro organismo, solo usando unos pocos minutos, podremos lograrlo.

- **Limpiar los platos con atención plena:** Al llegar a nuestros hogares es muy común que nos espere una pila de platos sucios, lo que no resulta es divertido. Tomemos como ejercicio de plena conciencia ésta tarea rutinaria del hogar o cualquier otra, ¿por qué no? Sintiendo el agua en nuestras manos, apreciando la textura de la esponja mientras vamos fregando cada plato, vaso, olla y cada utensilio. Podemos hacer este ejercicio mientras regamos las plantas, mientras ordenamos la habitación, sintiendo el sabor de la limpieza y el orden al momento de terminar.

- **Un minuto de respiración profunda:** Respiramos continuamente, lo hacemos de manera inconsciente, no lo notamos: En las escuelas de meditación la respiración es usada como el mantra por excelencia, lo que es muy lógico. Debemos concentrarnos por tan solo un minuto en nuestra respiración. Tan solo con tomarnos es corto tiempo será de gran ayuda para alcanzar la conexión con nuestro cuerpo. El ejercicio es simple, muy fácil: tomemos una respiración profunda y lenta usando nuestra nariz, inhalando aire desde nuestro abdomen en vez del pecho, hagamos una pausa, sosteniendo la respiración, antes de dejar salir el aire muy lentamente por la boca. Repetimos varias veces. Es sencillo.

- **Práctica musical:** En la vida cotidiana para ejercitarnos en Mindfulness podemos usar la música como una herramienta muy ventajosa. Sería excelente escoger una canción que no hayamos escuchado antes y darle al play. Sin alimentar los pensamientos que vayan llegando, apreciando la voz del cantante, prestando atención a la letra, realmente escuchando las notas que surjan de las guitarras. Escuchando con todos nuestros sentidos incluyendo la mente, dejando pasar todos esos pensamientos que van colmando nuestra mente, sólo disfrutando el momento y de la canción, aquí y ahora.

CAPITULO 3
LOS PROCESOS POR LOS QUE PASA LA MENTE CONSCIENTE

Antes que nada, debemos estar conscientes de los efectos negativos de estar sumergidos en una vida automatizada, haciendo más énfasis en causas externas y perdiéndonos de momentos importantes de nuestro día a día. Teniendo en cuenta esto, la mente responderá de una manera diferente y nos ayudará a mejorar nuestro estilo de vida.

Mindfulness o atención plena se ha popularizado mucho en los últimos años, gracias no solo a los grandes beneficios que trae en el campo de la psicoterapia, sino también en la vida laboral. Han ido llegando a las librerías muchos libros, hay miles de cursos, talleres, charlas y un sinfín de material con esta práctica.

En el mundo moderno, todos vivimos pegados de nuestros ordenadores, de nuestros móviles, bien sea por trabajo o por placer, y esto nos hace estar alejados de la realidad.

Normalmente, no prestamos atención a lo está ocurriendo en el presente, vivimos de manera automática, suena la alarma, nos levantamos, vamos al baño, preparamos el desayuno, comemos, salimos a trabajar, regresamos al final del día, hacemos los quehaceres del hogar, nos bañamos y a la cama, todo lo hacemos sin sentir lo que hacemos, estamos en modo automático. Llevamos una vida tan rutinaria, que nos olvidamos de vivir realmente.

Esto es una gran desventaja para todos, ya que, no estamos viviendo nuestra vida. No estamos prestando la debida atención a lo que hacemos, nos perdemos lo mejor de la vida que es experimentar, saborear, sentir.

Si estamos en la etapa universitaria, por ejemplo, puede que nos cueste asimilar lo que los profesores nos están explicando, lo que hace que obtengamos bajas calificaciones, al culminar la universidad terminamos siendo unos profesionales mediocres.

¿Por qué sucede esto? Porque no estamos prestando atención, porque estamos constantemente pensando en el futuro, navegando es un sinfín de cosas que posiblemente vayan a suceder. Que si nos vamos a ir de viaje al terminar el semestre, que si vamos a ver a la persona que nos gusta, o lo que vamos a comprar cuando al fin obtengamos el título universitario, solo son pensamientos que nos crean ansiedad y preocupación.

Por estar repetidamente recordando algún suceso del pasado que nos agobia, puede ser un accidente, una discusión con alguna persona, el fallecimiento de un familiar o una reciente ruptura amorosa, reviviendo ese momento en nuestra mente una y otra vez. Estos pensamientos nos producen estrés y nos alejan de la realidad, no permite que nos concentremos en la clase en la que estamos, no estamos prestando atención, nos hace menos felices y más estresados.

No podemos cambiar lo que ya pasó, esto nos llena de emociones negativas, tampoco podemos adivinar lo que sucederá en el futuro, el pasado ya pasó y lo que ha de suceder sucederá.

Lo que sí podemos cambiar es la manera en que reaccionamos, en cómo nos enfrentamos a las pruebas que nos da la vida. Mindfulness nos da la libertad de responder en lugar de reaccionar, porque al estar atentos analizamos lo que está ocurriendo y podemos reaccionar de manera positiva.

Vivimos aislados, nos mantenemos distanciados de las personas que nos rodean, se nos olvidan las cosas, reaccionamos de manera automática, no estamos presentes.

OTRO EJEMPLO:

estamos en nuestro trabajo y el jefe nos está explicando de qué manera tenemos que hacer cierto informe, el cual es muy importante para concretar con un cliente nuevo, si la empresa logra finiquitar con dicho cliente, nos ganaremos ese ascenso por el que venimos trabajando durante unos cuantos años, pero, anoche cuando nos dirigíamos a nuestro hogar una llanta del coche estalló y tuvimos que llegar a casa en una grúa, la cual nos costó mucho dinero.

Mientras el jefe habla nuestra mente está reviviendo el momento en que la llanta reventó y casi nos estrellamos contra otro coche, nuestro coche quedó inservible, a pesar de eso, salimos ilesos del accidente. El jefe termina su explicación, nos pregunta si entendimos todo y respondemos de manera automática que sí, estrechamos nuestras manos y nos vamos de inmediato a nuestro puesto, aun pensando en lo ocurrido la noche anterior, nos sentamos frente al escritorio, buscamos los documentos necesarios para disponernos a comenzar a realizar el informe y de repente... quedamos en blanco, empezamos a tratar de recordar qué fue lo que nos estaba explicando el jefe hace tan solo unos pocos minutos, nos preguntamos **¿Qué fue lo que dijo?**

Comenzamos a entrar en pánico, no sabemos qué hacer, el estrés se va apoderando de nosotros de manera muy rápida, el corazón se acelera, no sabemos qué hacer, intentamos calmarnos, la mente sigue reviviendo el accidente.

Salimos de la oficina, vamos a tomar agua en el comedor y un compañero nota que no estamos bien, que estamos sudando frío, con los ojos medio desorbitados, y decide preguntarnos ¿qué nos sucede? Le contamos lo del accidente y nos ofrece ayuda con el informe.

Este compañero es una persona desinteresada, nos quiere ayudar, reaccionamos de manera negativa, le decimos que no necesitamos su ayuda, le decimos que deje de escuchar lo que no le incumbe y que no se meta dónde no lo han llamado.

Al final terminamos peleados con el compañero, hacemos a medias el informe, perdemos al cliente y la oportunidad de ascender. Todo esto por no estar atentos, por no estar presentes, en el aquí y ahora. Por movernos en modo automático.

La vida se nos va en andar a las carreras, de un lado para otro, nos perdemos de vivir los momentos, de apreciar los sabores, de disfrutar de una buena conversación, de ver realmente el crecimiento de nuestros hijos, se nos escapa la felicidad sin darnos cuenta, por estar perdidos en el pasado o en el futuro.

-ENTENDIENDO LA IMPORTANCIA DE ESTAR EN EL MOMENTO PRESENTE

Debemos entender que es muy importante estar presente en nuestro aquí y ahora, porque ese ahora es lo que constituye todo lo que significa nuestra vida, es donde se encierra todo lo positivo, la felicidad entera.

Al estar plenamente presentes en cualquier actividad es una forma maravillosa de deshacernos del estrés y de que podamos hacer una cosa a la vez, es decir, al dejar de permitir que nuestra mente comience a vagar en el pasado o en el futuro, al estar presentes en el aquí y ahora, vamos a tener menos estrés y si por ejemplo estamos tomando nos un café, solo estemos realmente tomando, disfrutando, sintiendo y saboreando de verdad del café.

Podemos obtener la posibilidad de elegir lo que hacemos y dejaremos de estar dominados por las sensaciones físicas, ya no seremos esclavos de aquellos viejos hábitos y de esas reacciones instintivas. Nos ayudamos a lidiar con esas emociones difíciles, pero, haciéndolo de forma más comprensiva y equilibrada, lo logramos manteniendo una actitud no crítica. Así comenzamos a controlar el estrés o los conflictos de una forma muy diferente y completamente nueva.

Con la atención plena cualquier actividad por muy aburrida que sea, se puede cambiar y volverla un placer lo que lograra hacernos una persona más eficaz.

Digamos que no nos gusta cocinar, pero hay que hacerlo para poder alimentarnos y tener energías en el cuerpo, por ejemplo, un día agarramos y buscamos los ingredientes para hacer una comida sencilla, podría ser una tortilla de patatas, lavamos y pelamos las patatas, sintiendo su textura y como el pela patatas va quitando la corteza suavemente, cortamos la cebollas (tratando de que no nos haga llorar), picamos el perejil, cuyo aroma peculiar y sabor son únicos, hacemos lo mismo con el pimiento verde, preparamos el sartén con el aceite de oliva, sentimos ese aroma exquisito del aceite, agregamos los huevos, hacemos todo poco a poco y paso a paso, sazonamos al gusto y vamos disfrutando de la sencillez de preparar una comida que al final nos hará sentirnos orgullosos de nosotros mismos y comeremos algo que fue hecho con nuestros sentidos presentes.

Jon Kabat Zinn dijo: *"La vida sólo es real cuando estamos despiertos; sólo entonces tenemos la posibilidad de liberarnos de nuestras ilusiones, de nuestras enfermedades y de nuestro sufrimiento individual y colectivo."*

Vivir el momento presente es poder estar tranquilo, es saber lo que queremos, significa poder disfrutar total y absolutamente del aquí y ahora. Es estar enfocados en lo que estamos haciendo, sin pensar en otras cosas. Es cuando la vida es más real.

Cuando estamos presentes podemos atesorar excelentes momento de nuestras vidas, porque al estar atentos, vamos a sentir las emociones tal y cual son,

- LAS PREOCUPACIONES Y LOS EFECTOS NEGATIVOS EN NUESTRA MENTE

Las personas que piensan demasiado tienen otro de los grandes problemas que asolan a las personas hoy en día: las preocupaciones. Cuando pensamos mucho es porque nos preocupamos, puede ser por el pasado o por el futuro, por cualquier situación o por las personas que están a nuestro alrededor, familiares, amigos, etc. Todo eso nos ahoga en un remolino de la que seguramente nos será difícil escapar.

En muchas ocasiones no nos damos cuenta, pero, las cosas por las que nos preocupamos son a las que no deberíamos prestarle tanta atención. A veces, lo que provoca todo esto sea nuestra inseguridad.

¿Qué es la preocupación? Según algunos expertos nos indican que esta es una condición en la que predominan los vendavales mentales, donde la persona no puede dejar de pensar en algunas cosas que ya acontecieron o que están por suceder.

La preocupación nos lleva a sufrir, la mente se obsesiona con esos pensamientos, que son los que disminuyen nuestra calidad de vida y la productividad.

El pensar de manera excesiva podría incluso llegar a causarnos desequilibrio, por lo tanto cuando descubramos que estamos pensando demasiado en algo, debemos frenarlo y entender que esto es lo que nos agobia solo está en nuestra mente.

Según un estudio que hizo el Centro Médico Benenden del Reino Unido, en el que se determinó que las preocupaciones que tienen una persona o las más populares entre un grupo social dicen mucho de la forma en que viven y de la filosofía que éstas tienen. Resultaron sustancialmente interesantes varias de las preocupaciones más populares que se reconocieron en dicho estudio.

Encuestaron a dos mil personas, preguntándoles cuáles son las principales preocupaciones. El resultado de este estudio muestra lo que posiblemente angustia a un grupo específico de la población. Capta mucho la atención lo terrenal y mundano de varias de las preocupaciones más frecuentes, lo que también podría decirnos algo respecto al grueso de las sociedades contemporáneas.

Como resultado de la encuesta, las preocupaciones más comunes son:

10. La dieta
9. Estabilidad laboral
8. Alquiler o hipoteca
7. Deuda bancaria
6. Bajo nivel de energía
5. Otras deudas económicas
4. La imagen corporal
3. Futuro económico
2. Envejecer
1. Sobrepeso.
En otra encuesta, la cual fue realizada por la empresa Blu eCigs se determinó otro resultado, con datos parecidos en algunos puntos:
10. Infelicidad
9. Alquiler o hipoteca
8. El físico

7. Arrugas o apariencia envejecida
6. Estabilidad laboral
5. Deuda bancaria
4. La dieta
3. Bajos niveles de energía
2. Futuro económico
1. Envejecer

La preocupación trae efectos negativos para nuestra salud física y éstos pueden llegar a presentarse de la siguiente manera:

1. Tensión muscular: Los músculos del cuello y la mandíbula se sienten mucho más rígidos y dolorosamente tensados. Para alejar y calmar esta molestia podemos realizar algunos ejercicios cortos, pero, de mucha intensidad, pueden ser abdominales, las caminatas pueden ser en caminadoras o dando un paseo, también puede servir incluso bailar.

2. Cansancio crónico: Pensar en exceso hace que nuestra mente malgaste toda la energía, lo que nos produce cansancio, agotamiento y estamos con muy pocas ganas para cumplir con las actividades habituales. Para cambiar esto, es recomendable crear un horario para dedicarnos a hallar solución a las preocupaciones y tratar de distraernos cuando un pensamiento nos interrumpa a lo largo del día.

No llevarse las preocupaciones a la cama y si es algo que no tiene solución, no vale la pena desgastar la mente en ello.

3. Debilidad del sistema inmune: Si hay una preocupación situada en los pensamientos del día a día, nuestros recursos biológicos y la energía se van directo a los músculos y el cerebro, por lo que se descuida totalmente nuestro sistema inmune o las defensas. Y tiene como consecuencia que el organismo no tenga una reacción efectiva ante los virus y bacterias, lo que nos hace más propensos a tener alergias, resfriados e infecciones.

Debemos cuidar de nuestra alimentación, consumir los alimentos frescos y naturales no los procesados. Salir con nuestros amigos tanto como sea posible, realizar ejercicios en un ambiente natural, mínimo media hora al día, son algunas de las cosas que podemos hacer para combatir la debilidad de nuestro sistema inmune.

La oxigenación para activar la circulación, lo que elimina la tensión de los músculos y libera la mente de la preocupación.

Algo que desgasta nuestra mente es el pensar demasiado, así como también daña la salud física, es por esto que debemos preguntarnos si es conveniente o no obsesionarnos con lo que no podemos cambiar.

Un cerebro ansioso experimenta angustia, más que miedo. Debido al estar constantemente repitiendo el motivo de preocupación y por esa sensación de estar envuelto de amenazas y presiones. El cerebro se siente agotado y con los recursos al límite.

Desde la neurociencia, nos muestran que esta condición se origina por una hiperactividad de nuestra amígdala cerebral, esa celadora de las emociones negativas.

Napoleón Bonaparte decía que las preocupaciones deberían ser como la ropa, de manera que nos las podríamos quitar por las noches para dormir, que pudiéramos cambiarlas a nuestro antojo y que de vez en cuando poderlas lavar e higienizar. Así que podemos decir que estos métodos cognitivos son en su totalidad estados comunes de la mente.

El psicólogo clínico de la Universidad Vrije de Ámsterdam, Ad Kerkhof, indica que preocuparnos por ciertas cosas es perfectamente lógico y comprensible. Ahora, cuando esa preocupación está día a día, constantemente y por las mismas cosas, ahí es cuando se torna un verdadero problema. Entonces, ahí es cuando le damos uno de los peores usos al maravilloso don de la imaginación y nuestra eficiencia cognitiva falla.

Los expertos en el campo de la neurociencia y las emociones han tenido unas dudas desde siempre: ¿Qué es lo que sucede en nuestros cerebros para llegar a este tipo de derivas psicológicas? ¿Por qué las agrandamos hasta el punto de no dejar de pensar en ellas?

La ansiedad es como el cincel de un experto artista, siempre alterando miles de enfoques mentales y procesos cerebrales. El conocimiento que interviene en este proceso, podría ser sin dudar de gran ayuda.

- ESTAR CONSCIENTE DE TUS PENSAMIENTOS Y OBSERVARLOS

Unas de las ventajas de ser y estar conscientes es que se puede tomar distancia de nuestros pensamientos y de la conducta. Ese espacio o distancia, será lo que nos permita hacernos diferentes como observadores, y ser observados por nosotros mismos a la vez.

Se puede pensar en lo que pensamos, sí, también podemos escucharnos a nosotros mismos, con esa voz interior que todos poseemos, podemos ser autocríticos con nuestros sentimientos y procesos mentales y con las acciones que provienen de ahí.

La disciplina tiene como palabra la misma raíz etimológica que discípulo, así que en nuestro interior, podemos lograr ser nuestros propios discípulos. Se puede ser realmente partícipes de nosotros mismos usando la disciplina, el hábito de la auto-observación y de la auto-crítica. Desde esa disciplina y manteniendo en ese constante ejercicio es que podemos alcanzar al observador, a ese foco de consciencia y atención, la que es capaz de mirar desde la distancia los procesos de nuestra mente, los disparates, el automatismo que se producen dentro de nosotros

A medida que los vamos observando, podemos ir desactivándolos poco a poco gradualmente. Pasamos a tomar consciencia de cómo estamos funcionando, de lo que queremos desechar, y así nuestras reacciones que son las que se forman inconscientemente, van dando respuestas que se suscitan conscientemente, de esta manera es que dejamos de permitir que nuestra mente tome el control con procesos que manipulen.

Esto se produce es cuando nuestra libertad de elección aumenta considerablemente, ya que desistimos de ser el efecto de vivir dormidos, que a pesar de que estemos supuestamente despiertos y vamos a responder despiertos aun sabiendo que hemos estados despertando de un sueño.

Hay un escritor con el nombre de Pablo D'Ors, quien publicó un libro llamado Biografía del Silencio, éste es un libro que habla sobre la práctica y la experiencia de la meditación, y lo enuncia de una excelente manera:

"Ser consciente reside en contemplar los pensamientos. La consciencia es el elemento con uno mismo. Cuando soy consciente, retorno a mi casa; cuando pierdo la conciencia, me aparto, quién sabe adónde. Todos los pensamientos e ideas nos alejan de nosotros mismos. Tú eres lo que queda cuando se disipan tus pensamientos. Claro que no creo que sea posible vivir sin pensamientos de alguna clase. Porque los pensamientos -y esto es muy conveniente no olvidarlo- de ningún modo logran calmarse del todo por mucha meditación que se haga. Siempre sobrevienen, pero se apacigua nuestro apego a los mismos y, con él, su frecuencia e intensidad.

Diría más aún: ni siquiera debe tomarse conciencia de lo que se piensa o hace, sino simplemente pensarlo o hacerlo. Tomar conciencia ya supone una brecha en lo que hacemos o pensamos. El secreto es vivir plenamente en lo que se tenga entre manos. Así que, por extraño que parezca, ejercitar la conciencia es el modo para vivir plácidamente sin ella: totalmente ahora, totalmente aquí."

- TRABAJANDO CON EMOCIONES DIFÍCILES

Todos preferimos, generalmente no tener que sentir el dolor ni las emociones desagradables como el miedo. Para lograr superar esas experiencias desagradables o difíciles de nuestras vidas, en vez de tratar de alejarlas o esquivarlas, lo ideal es darles la bienvenida, para así sentirlas, esta podría llegar a ser la clave.

Otra forma en que podemos relacionarnos con esos períodos difíciles es con tan sólo recordar lo siguiente:

-Permitir que las emociones desagradables existan en nuestras vidas, por ahora, no significa que hayamos elegido no actuar: Dejar que los pensamientos difíciles sean reconocidos implica que podamos reconocer su presencia antes de tomar una decisión sobre cómo responder a ellos. Se necesita realmente adquirir un compromiso e involucrar un movimiento premeditado de atención. Permitir no es igual a resignarse ni actuar de manera pasiva. En el concepto de la palabra aceptación en la psicología humana es el asentamiento de una persona a la realidad de una situación, reconociendo un proceso o condiciones sin intentar cambiarla.

-Negar que la mente en modo negativo está teniendo lugar es más perjudicial para nuestra salud mental: Si no "permitimos" vamos a tener una conclusión realmente perjudicial para nuestra salud mental. Este es el primer escalón de una sucesión mental que desencadena que se restituyan nuevamente los patrones mentales automáticos y auto críticos. Cuando decimos "soy un tonto por pensar así" o "debería tener más fortaleza" es una manera de ver que estamos cayendo de nuevo y cediéndole el paso a esos pensamientos. Ahora bien, podemos cambiar nuestra posición básica hacia la experiencia y en vez de decir "no quiero este" decimos "me abro a la experiencia", esto permite que la cadena de reacción automática se quiebre desde el primer escalón. Por lo tanto cambiar de "no debería sentirme así" a decir "Ah, la rabia ya está aquí" y "estoy juzgando".

La aceptación nos ayuda a superar cada experiencia desagradable: En la práctica de los programas de Mindfulness nos brindan maneras concisas para enseñarnos una postura de ante las experiencias difíciles de "permitir y dejar de estar". Muchas personas saben intuitivamente que es mucho más beneficioso ser más amables consigo mismo y con lo que sentimos, lo que realmente puede llegar a ser difícil es cómo hacerlo. Lograrlo sólo con nuestra fuerza de voluntad es una tarea con muy pocas probabilidades que se den. Sólo con las prácticas constantes, tomando conciencia del nuestro cuerpo, a través del tiempo es que iremos notando o reconociendo cosas, como la ansiedad, que se puede manifestar con una opresión en el pecho, o tristeza como pesadez en los hombros, como si cargáramos una casa en ellos.

Con el tiempo, y con la práctica constante nos daremos cuenta de que podemos vivir experiencias difíciles o incluso traumáticas y aun así disfrutar de bienestar. Gracias a la práctica de Mindfulness podemos lograr tomar conciencia de las sensaciones que acompañan a las experiencias difíciles, lo que permite aprender a relacionarnos de una forma diferente con esas experiencias en cada momento de nuestras vidas.

Hay muchos ejercicios para ayudarnos a procesar las emociones, por ejemplo un ejercicio muy sencillo es con la lluvia, nos dejamos mojar por la lluvia:

- **Reconocemos o identificamos:** reconocemos lo que está sucediendo, qué emoción surge, enfado, tristeza, miedo, nervios, sorpresa, vergüenza, alegría.

- **Aceptamos:** aceptamos lo que está pasando sin rechazarlo ni negarlo.

- **Investigamos:** vemos donde se encuentra esta emoción en el cuerpo. Cerramos los ojos e investigamos qué parte de nuestro cuerpo nos está hablando, si es un dolor de cabeza, dolor en las tripas y si es calor lo que sentimos, etc.

- **No apegarse:** Lo damos un color a la emoción y la visualizamos, lo que nos va a ayudar a no identificarnos con ella. Ya esa emoción tuvo su tiempo o espacio, ya nos dio el mensaje, lo captamos y ahora lo dejamos que se vaya. Seguimos respirando y observando cómo se va disipando esa emoción.

Al final de este ejercicio vamos a terminar siendo un poco más conscientes de lo bien que estamos de haber sacado todo eso que nos reprime de sentirnos bien.

-UTILIZANDO EL MINDFULNESS Y LA MEDITACIÓN PARA TRATAR FOBIAS

Los miedos cuando son muy intensos, se transforman en fobias.

¿Qué son las fobias? Son trastornos de salud emocional o psíquico caracterizada por un miedo intenso y desproporcionado ante un objeto o situaciones concretas, puede ser a los insectos, sitios cerrados, alturas, etc. Pero no es sencillamente un miedo ya que tienen grandes diferencias. Se puede clasificar como a un sentimiento de odio o de rechazo hacia algo, que a pesar de no llegar a ser un trastorno de salud emocional, si nos crea muchos problemas emocionales, sociales y políticos.

Los griegos determinaron como fobia la personalización del miedo en sí, es como que todos tus miedos se colocan en un objeto, una situación o en una persona y creemos que en realidad ese es el problema, nuestra fobia, algo así como que dejamos de ver la flor por estar viendo el dedo que la está señalando. Es decir, nos perdemos en la fobia y no nos estamos dando cuenta que realmente se trata de resolver nuestros miedos más profundos e intensos.

Vamos a ver algunos puntos para lograr liberarnos de nuestras fobias y miedos más intensos. Según un estudio realizado por Fabiola Cuevas, Doctora en psicología y fundadora de Des ansiedad, quien logró transformar la ansiedad en liberación y plenitud. Cualquier cosa puede ocasionarnos fobias, lo que debemos es no obsesionarnos con eso, debemos evitarlo y quitarle el poder que tienen sobre nosotros.

- **-Mientras más se evita a lo que se teme, más grande se hace el miedo:** En esas ocasiones en que evitamos la situación, la persona o el objeto al que le tenemos miedo, este se torna más grande, porque nos estamos diciendo de alguna manera que sin dudas es peligroso y que debemos evitarlo. Le estamos dando un poder que realmente no tiene.

- **-Darse cuenta cómo sí lo estás enfrentando:** La mayoría de las veces estamos conviviendo con el miedo y la fobia y realmente lo pudimos enfrentar y vimos que no pasó nada grave, pero como nos sentíamos mal ante su presencia, llegamos a la conclusión de que no pudimos enfrentarlo cuando en realidad si pudimos. Esto pasa cuando nos llenamos de pensamientos negativos

- **-Registra cuántas veces no ha pasado lo que creías que pasaría:** Debemos llevar un registro de la realidad. Para así verificar cuántas veces en el pasado hemos acertado o hemos hecho eso a lo que más le tememos y en cuántas ocasiones ha pasado eso que nos produce miedo y cuántas veces no ha pasado. Hay que hacer ese balance que nos muestre con hechos la realidad y solo ahí será el momento en el que vamos a creer en la realidad y no en nuestras interpretaciones.

- **-Si tanto se quiere evitar… ¿por qué se haría?:** Hay

miedos y fobias dentro de la ansiedad relacionado a nosotros mismos, de que podamos llegar a hacer una locura, como por ejemplo, lanzarnos por el balcón o hacerle daño a un ser querido, un amigo o conocido. Luchamos tanto porque realmente no queremos hacerlo, que comenzamos a evadir todas esas situaciones en las que de seguro llegaríamos a perder el control y hacer eso. Preguntarnos ¿por qué sí habríamos de hacerlo?

Es como que el botón del autocontrol repentinamente se nos desaparece y cometemos esas locuras, aunque así no funciona la locura, se pueden hacer cosas por impulsos, pero, no es realmente lo que queremos hacer y eso es a lo que le tenemos miedo. Sentir que se puede hacer no implica que vayamos a hacerlo. Es necesario confiar que siempre tenemos el control de nosotros mismos en cuanto a las decisiones que se toman en cada oportunidad, por mucha ansiedad que se pueda tener en ese momento, debemos tener control de nuestras acciones.

- **-¿De qué nos estamos queriendo proteger?:** El miedo se origina en que nos queremos proteger de algún daño, resguardar nuestra vida, aunque hoy en día tenemos algunos miedos que no tienen ninguna base o fundamento real más que el de nuestros propios pensamientos. La próxima vez que sintamos miedo, debemos preguntarnos ¿de qué nos queremos proteger? ¿existe un peligro real? Ya que en muchas ocasiones el miedo que sentimos es al sentirnos mal, aunque de verdad no hay un peligro más allá. Los miedos, los ataques de pánico y las fobias se pueden en verdad suprimir, no solamente aprender a controlarlos, es mucho más allá de eso. Pero hay que dedicarle mucho tiempo, esfuerzo y dedicación.

- **-Dejar de juzgarse por no poder enfrentarlo:** Debemos ser autocompasivos con nosotros mismos, y darnos cuenta de que no somos débiles, tratemos de no buscar la perfección, ni hacer una actuación intachable con respecto a nuestros miedos. No quiere decir que no vayamos a poder enfrentar nuestros miedos, tampoco es que hayamos desmentido los pensamientos y creencias de él, sino que no hayamos tenido las herramientas necesarias para lograrlo.

- **-Encuentra cuál es el miedo profundo:** La Doctora Fabiola recomienda cuestionarnos varias veces la misma pregunta ¿qué es lo peor que podría pasar si...? ¿Realmente sucede eso a lo que le tememos? Luego de analizar la situación y al encontrar la respuesta, nos hacemos de nuevo esas preguntas, pero ya teniendo una nueva respuesta. La mayoría de las veces detrás de un miedo hay otro más profundo, nos ayudaría de gran manera el descubrir cuál es, para así poder dedicarle tiempo y enfrentarlo, esto nos ayudará y nos hará más fácil enfrentarnos al miedo superficial, el inicio de este miedo profundo. Supongamos que le tenemos miedo a viajar, realmente no le tememos al viaje en sí, le tenemos miedo es al morir durante el viaje en tren. ¿Qué debemos hacer? Lo primero es enfrentar y resolver el miedo a la muerte y eso nos llevará a perder el miedo a viajar.

- **-Realmente creemos ser capaces de enfrentarlo:** Si el miedo vive en nuestras mentes, es de ahí de donde nace, y no somos nada más una mente, somos espíritu, tenemos alma (si es que eso creemos), tenemos cuerpo, tenemos personalidad, tenemos historia, tenemos raíces, tenemos herramientas. Entonces, ¿por qué permitimos que el miedo llegue a ser más grande que nosotros? ¿por qué no somos capaces de lograr enfrentar ese miedo si lo hemos creado nosotros mismos?

La trampa reside justamente en que dejamos que algo que fue creado por nosotros mismos y pensar que realmente estamos en peligro. El truco en esto es lograr reconocer que el miedo es un producto de nuestra imaginación y así evitamos que hemos ido creando a su alrededor, para darnos cuenta y creer que de verdad podemos ser capaces de enfrentarlo.

- **-Atreverse a enfrentarlo:** En este punto nuestro miedo ya está manifestado de manera progresiva. Aquí es cuando poco a poco vamos enfrentando a eso que le tememos, asimilando más la verdad de nuestras propias conclusiones y estaremos aprendiendo a controlar y mantener un nivel de ansiedad al mínimo, mientras que la enfrentamos. Debemos saber que para lograr destruir nuestros miedos es sumamente necesario acercarse a ellos.

- ESTÁS CONSCIENTE DE TU CUERPO Y LO QUE HACES CON ÉL.

Generalmente no tenemos conciencia de lo que le hacemos a nuestro cuerpo. A través de las sensaciones físicas, el cuerpo nos habla, nos indica que tenemos frío, sed, sueño, dolor, a través de nuestras emociones nos dice si estamos tristes o alegres y por medio de los sentimientos sabremos si sentimos odio o amor, y esto es por medio de la conciencia corporal que vamos a escuchar dichos mensajes.

A diferencia de la mente, que está siempre preparada para imponernos sus argumentos y editar nuestra experiencia, debemos escuchar al cuerpo para poder mejorar nuestra vida. El cuerpo no nos miente. por ello, es en el cuerpo donde se encuentra la verdad, cuando de repente surge algo contradictorio.

-LAS SEÑALES DEL CUERPO. CONCIENCIA CORPORAL:

El cuerpo nos indica, nos avisa como nos sentimos y nos mantiene con información actualizada respecto a nuestro estado de ánimo. Lo que expresamos con nuestro cuerpo muestra nuestras sensaciones internas, Es algo que regularmente percibimos con claridad más en otras personas que en nosotros mismos.

Por lo que, es de suma importancia trabajar en nuestra conciencia corporal y ahondar en los mensajes que escuchamos de nuestro cuerpo.

Esto nos va a ayudar considerablemente en la manera en que nos relacionamos con los demás y se nota también en nuestra salud física.

Cuando mejoramos la posición corporal o cuando modificamos la manera en que nos expresamos (lenguaje no verbal), se puede influir concretamente en el estado de ánimo y en cómo gestionamos nuestras emociones.

Al notar cómo va reaccionando nuestro cuerpo delante de algunas emociones nos conocernos mejor a nosotros mismos. Sólo lo vamos a lograr estando conscientes de cuáles son las reacciones físicas y automatizadas que tenemos en algunas situaciones, esto nos va a dar las muy variadas posibilidades de cambiarlas, si es que sentimos que nos puedan perjudicar de alguna manera.

Por medio de estar entrenados en la observación de la expresión corporal propia y la de las otras personas, es que podremos adquirir las capacidades necesarias para influir en la conducta y en nuestro estado.

-LA UNIÓN MENTE-CUERPO:

La mayoría de las veces en que sentimos algún malestar, el origen de él no es por un problema físico, sino que es producido por algo psíquico.

Es un proceso natural, ya que cuerpo y mente están íntimamente relacionados, conforman un equipo inseparable y mutuamente se afectan uno al otro. Si hay un tipo de conflicto emocional que perturba en gran medida nuestro organismo, además, también en nuestras sensaciones físicas intervienen en lo que pensamos. Es decir, para poder entender el cuerpo es necesario entender la mente y para lograr entender la mente es preciso entender el cuerpo.

Siempre estamos vagando mentalmente entre los recuerdos y pensamientos, entre lo que deseamos para nuestro futuro lo que viene a producirse y llenarnos de conflictos y contradicciones, pero, a través de los sentidos, nuestro cuerpo tenderá a atraernos al momento presente.

Podremos lograr vivir el momento, si es que llegamos a tomar conciencia de nuestro cuerpo, centrándonos en las percepciones sensoriales y la atención plena. Esto nos va a ayudar a estar más conscientes, a sentir lo que necesitamos. El cuerpo es una parte fundamental de nosotros mismo, que nos deja llegar al disfrute a través de la percepción de nuestros sentidos.

Cuando nuestros pensamientos están ocupados, muchas veces se encuentran enfrascados en el miedo o la preocupación, nos restringe de gozar de alguna situación en particular o nuestra mente está tan dispersa que nos perdemos por completo de ese momento, incluso logra hacerlo desaparecer, como que nunca existió.

El cuerpo habla en presente: Se refiere a nuestro pasado emocional y mental, no nos enseña algunas de nuestras experiencias físicas, como es el historial de golpes, nos muestra que estamos marcados, que está registrado en nuestro funcionamiento orgánico. No sabemos cómo cambiar nuestras actitudes, porque queda grabado de una manera crónica.

-ESCUCHA TU CUERPO:

Lo primordial para cambiar o modificar algún comportamiento de nuestras vidas es ser y estar conscientes de que existe, lo segundo es lograr comprender, entender realmente el funcionamiento del mismo.

No es diferente con el cuerpo, por lo que debemos comenzar a impulsar la conciencia del cuerpo, es conocer de verdad nuestro cuerpo, y usarlo como una manera de afrontar y luego conseguir el cambio que necesitamos.

Entre las muy variadas técnicas que abordan este tema, analizaremos algunos de ellos:

La Técnica Alexander: es un método práctico desarrollado por FM Alexander (1869-1955) que ayuda a utilizar el cuerpo con más soltura y menos rigidez. Se puede aplicar en las actividades de la vida diaria, en casa, en la escuela en el trabajo, en el deporte, etc.

Es el arte de hacer un buen uso de uno mismo, es decir, saber darnos seguridad y de permitirnos disfrutar de todas las actividades, que aunque sean confusas, se necesita atención, como podría ser bailar, nadar, sentarse, vivir. Es una técnica para entender cómo está diseñado el cuerpo para que siga marchando de manera natural, dejarle funcionar como él sabe hacerlo. Es una manera muy sencilla de educar al cuerpo, para hallar el equilibrio para movernos de manera fácil, ya que una vez lo aprendemos, no se nos olvide.

Nos sirve para poder descubrir esos hábitos de movimiento que no concuerdan ni respetan la distribución o nuestra salud corporal usual, es un proceso de aprendizaje lento, pero, es seguro, que nos permite focalizar nuestros hábitos y para no intervenir con la inteligencia que posee nuestro cuerpo. También nos aporta un nuevo método que consiste en educar de nuevo, para constituir una buena interacción entre el cuerpo y la mente.

Sofrología: Es un compendio de técnicas terapéuticas alternativas, la cual intenta ser una alternativa para el tratamiento de estrés y otros problemas psicológicos. Contiene técnicas de relajación y de modificación de estados de conciencia. Cuyo principal objetivo es el de ayudar a las personas a darnos cuenta de nuestro estado físico, mental y emocional.

Nos sirve para entender y conocer nuestro cuerpo, para ver cuando sufrimos de estrés y de qué forma somatiza (es un trastorno conocido en la antigüedad como histeria crónica, es un diagnóstico psiquiátrico que se aplica a pacientes que tienen una queja crónica y constante de algunos síntomas físicos que no poseen un origen físico identificable)

Cuando tenemos conocimiento de cómo son nuestros pensamientos, sobre todo aquellos que son automáticos y distorsionados, cuáles son y cómo influyen en nuestras emociones.

Método de Feldenkrais: Es un sistema pseudocientífico de educación somática, desarrollado por el científico ucraniano Moshé Feldenkrais, es un proceso de aprendizaje somático que se imparte en sesiones grupales llamadas ATM, que significa Awareness Through Movement, en español es Toma de Conciencia a través del Movimiento; y también es usado en sesiones individuales llamadas IF, integración funcional.

Se usa el movimiento y la toma de conciencia en este proceso de aprendizaje, para poder revelar y desarrollar que la musculo esquelética se organice y se torne más eficiente.

El cuerpo humano es la herramienta fundamental para llevar a cabo profundos procesos evolutivos. Es decir, que es la interacción entre series de movimientos coordinados y el aprendizaje sensomotórico individual que va desarrollando la persona a través de una profunda toma de conciencia de su propio cuerpo.

El objetivo principal es el de mejorar la condición humana en todos sus campos de actuación, bien sea en el mundo del deporte, en el ámbito laboral o formativo, en la salud, o incluso la investigación científica. Es un método único.

La práctica constante de este método logra mejorar la conciencia individual sobre el cuerpo a través del movimiento y la atención consciente.

Sería ideal poder implementarlo en nuestras vidas, para poder obtener los beneficios que trae en mantener una consciencia de nuestro cuerpo, de las percepciones y de las reacciones y de lo que hacemos con él, aprender a mantener el foco en una salud mucho más sana, la salud emocional y la física.

"Cuida de tu cuerpo para que tu alma tenga ganas de habitarlo"
Proverbio chino.

- PREVIENE ENFERMEDADES CRÓNICAS

Las enfermedades crónicas se pueden prevenir especialmente modificando nuestros estilos de vida, es lo que nos indica la Organización Mundial de la Salud (OMS).

Muchas de las patologías están relacionadas a los excesos, la OMS ha determinado que debido al consumo excesivo de tabaco, alcohol, por no comer de manera sana y equilibrada, por la falta de hacer ejercicios físicos aeróbicos y mantener una vida sedentaria.

Nuestros estilos de vida son los causantes en la aparición y evolución de esas patologías, lo cual es regularmente de manera lenta y progresiva, es silente en la mayoría de las ocasiones.

Los más frecuentes son los problemas del corazón, abuso de sustancias y salud mental. La vida moderna se caracteriza por traernos o provocarnos muchos tipos de problemas de salud, por su ritmo acelerado, la presión, la ansiedad y el estrés.

Algunos estudios están respaldando el hecho de que a través de la meditación y el Mindfulness es una manera de resolver dichos problemas de salud. Se ha comprobado que podríamos resolverlos, si comenzamos a crear hábitos de meditación, lo que viene a significar que existen algunas pruebas que nos muestran que obtendremos ayuda en varios problemas de salud.

Varias de las prácticas que nos podrían ayudar y que fueron comprobadas y basados en diversos estudios hechos por científicos por varias universidades en el mundo son:

- **-Resistencia:** De manera muy fácil e inconsciente nos refugiamos en los pensamientos negativos, ello puede llegar a afectar nuestro bienestar mental. Con la práctica de Mindfulness obtendremos las herramientas necesarias para poder tomar conciencia de esto y nos ayuda a olvidar ese pensamiento. La meditación consciente también nos puede ayudar a combatir el insomnio y nos ayuda a conciliar el sueño, lo que nos mantendrá descansados.

- **-Estrés, ansiedad y depresión:** En la Universidad de Boston, unos investigadores realizaron una investigación con 39 estudios, en el que participaron un total de 1.140 personas. A ellos se les impartió una terapia la cual fue basada en el Mindfulness, para pacientes con ciertas condiciones diferentes, como trastorno de ansiedad generalizada y la depresión y cáncer. Usaron la terapia de Mindfulness como una supuesta intervención prometedora, para poder tratar los problemas de ansiedad y de humor.

En otro más reciente estudio, un poco más pequeño, que arrojo que la atención plena es un tratamiento muy útil para aquellos adultos que tienen un trastorno del espectro autista con ansiedad y depresión.

- **-La salud del corazón:** La meditación es una terapia que La Asociación Americana del Corazón nos recomienda para lograr bajar la presión arterial. Además en un estudio se determinó que aquellas personas con enfermedades del corazón y que practicaban la meditación trascendental regularmente, tienen una probabilidad de un 48% menos de tener un ataque cardíaco, un accidente cerebrovascular (acv) o de morir, comparados con aquellas personas que solo asistieron a alguna clase de educación para la salud.

- **-Síndrome del intestino irritable:** En Estados Unidos se determinó mediante un estudio en el año 2015, que participar en un programa de entrenamiento de Mindfulness y terapia de meditación con una duración de unas nueve semanas, que tiene un impacto muy significativo de los síntomas de las personas del SII (síndrome de intestino irritable) y la condición inflamatoria intestinal.

- **-Controlar el dolor:** A pesar de que aún faltan muchos estudios para poder demostrar que exista una relación entre meditación y salud, en el año 2011, en una revisión de diez estudios los cuales se enfocaron en cómo la meditación puede ayudar a aquellos pacientes a controlar el dolor crónico y la depresión que suele acompañar la dolencia.

- **-Fibromialgia**: Según unos investigadores de la Universidad de Suiza, de Basilea Hospital en el año 2007, donde el Mindfulness evidentemente tiene la posibilidad de ayudar a las mujeres que padecen de fibromialgia, que es una condición músculo esquelética que causa rigidez en las articulaciones, produciendo dolores y mucha sensibilidad en el todo el cuerpo.

- **-Tratar la adicción:** La práctica de Mindfulness cada vez está siendo más usada para la reducción del estrés. Lo que ayuda a muchas personas que tengan una adicción a diferentes sustancias. Provee de un mecanismo de supervivencia saludable, lo que los mantiene alejados de una posible recaída, esto fue demostrado en la Universidad de Utah en 2017, donde especialistas en la materia realizaron un estudio muy interesante. También Mindfulness es ventajoso para la recuperación de aquellos pacientes que tengan un dolor crónico y que sean propensos a volverse adictos a los calmantes fuertes.

- **-Mejora de la función mental:** En la facultad de Medicina de la Universidad de Massachusetts se hicieron unas investigaciones realizadas en un programa de ocho semanas, en dicho estudio quedó demostrado que la práctica de Mindfulness logró aumentar la cantidad de la materia gris en el cerebro de los participantes. La materia gris es un tipo de tejido cerebral que está asociado con la memoria, el aprendizaje, la capacidad de ver el mundo desde diferentes perspectivas y la regulación de emociones. Una vez más se logra demostrar la afinidad que existe entre la meditación y la salud.

- **-Impulsar el sistema inmunológico:** La Universidad de Wisconsin descubrió mediante un estudio hecho en 2003, que las personas que participaron y meditaron desarrollaron más anticuerpos al momento de recibir la vacuna contra la gripe, en cambio aquellos que no lo hicieron no tuvieron incremento en sus anticuerpos.

- **-Control de la ira:** Para controlar nuestras emociones como la ira, el Mindfulness tiene la posibilidad de ayudarnos en ello. Ya que con esta práctica aprendemos a manipular dichas emociones y nos ayuda a desconectarnos y mantener la calma, lo que con respecto a las relaciones personales se ve favorecida.

CAPITULO 4
PARTE PRÁCTICA Y LIBRO DE TRABAJO

COMO PRACTICAR LA MEDITACIÓN MINDFULNESS

Para comenzar a practicar la terapia de Mindfulness que son muy fáciles de realizar para cualquier persona que así lo desee, ya sea en su propia casa o en su sitio de trabajo, además de ser un ejercicio es un grandioso método con mucho poder que nos ayuda a mejorar nuestra capacidad de relajación, nos ayuda con la concentración y nuestra productividad.

Lo principal es escoger un sitio y un horario para la práctica regular de la meditación. El sitio elegido debe ser un lugar fuera de las distracciones y molestias, colocando el móvil en silencio, en modo avión o apagarlo.

-**Organicemos la sesión:** Comenzando con solo cinco minutos al día, lo que poco a poco iremos aumentando a medida que vayamos practicando y logrando mantener la meditación, hasta poder mantener una meditación por unos 40 minutos al día.

-**Encontrar una posición cómoda:** Nos sentaremos en el suelo con las piernas cruzadas, en el mat de hacer yoga, o en una silla con ambos pies en el suelo. Podemos usar la posición de flor de loto, es la más común y más cómoda a la hora de meditar.

-**Controlar la postura:** Sentarnos con la espalda erguida o estirada, con las manos reposadas en las piernas una sobre la otra. Nuestro cuello debe estar estirado con la barbilla ligeramente inclinada hacia adelante y la lengua descansando sobre el paladar. Relajamos los hombros y cerramos los ojos. Si se quiere, también se puede hacer con los ojos entrecerrados, pero, observando en un mismo punto un poco lejos de nuestros pies.

-**Tomar respiraciones profundas:** Estas nos ayudan a ubicar el cuerpo y establecer nuestra presencia en el espacio.

-**Centrar la atención en la respiración:** Centrándonos en esos puntos de nuestro cuerpo que mantienen relación con la respiración, la nariz, la garganta, el diafragma, los pulmones, etc. Mantenemos concentración en esos puntos, sin distraernos de lo que hacemos.

-**Mantener la atención siempre en la respiración:** Mientras estamos inhalando y exhalando debemos prestar atención a la respiración. Si llegamos a distraernos o a perder la concentración, retomemos y volvamos al punto inicial de la respiración. Dejemos los sentimientos, pensamientos y distracciones para otra ocasión. Debemos concentrarnos en la respiración y nada más.

-**Repetimos los dos pasos anteriores:** Deberemos mantener la concentración en los dos puntos anteriores mientras estamos haciendo el ejercicio, si llegásemos a distraernos, lo cual es muy normal, sin preocuparnos, ni juzgarnos, sólo volvemos a prestar atención a los ejercicios de respiración que venimos haciendo.

-**Ser amables con nosotros mismos:** Si perdemos la concentración, no debemos preocuparnos, o si llegamos a sentirnos adormecidos. Si estamos muy agotados, por los trajines normales del día, es recomendable meditar con los ojos abiertos y reacomodarnos y adoptar una posición cómoda, pero, más estirada. Sin presionarnos.

-**Prepararnos para cuando termine el ejercicio:** Al finalizar el tiempo de meditación, volvemos a nuestras actividades de manera pausada, sin prisas, ni carreras, manteniendo los ojos cerrados, hasta que estemos preparados para abrirlos. Sin ser impacientes, aprendiendo que estas prácticas de meditación van a ir mejorando a medida que vayamos haciéndolas.

Luego de haber comenzado a practicar la meditación con Mindfulness podremos centrar nuestra vida diaria de una forma mucho más confortable y saludable, con una mejor capacidad para la solución de los problemas cotidianos y tendremos una mejor relación con las demás personas.

-Uno de los ejercicios de respiración que podemos poner en práctica es:

Estirados boca arriba sobre una superficie estable y rígida, para poder estar lo más cercano al suelo.

Colocar una mano sobre pecho, a la altura de nuestro corazón y otra sobre nuestro vientre. Podemos poner alguna música relajante o estar en silencio.

Cerramos los ojos y comenzamos a inspirar por la nariz, tratando de llevar el aire hacia nuestro vientre, sintiendo cómo este se hincha, se le conoce como respiración diafragmática.

Una vez el vientre se ha hinchado, acabamos de llenarnos ampliando la capacidad hacia tu pecho también. Debemos hacerlo muy despacio, contando los segundos, aguantando durante 2 segundos la respiración.

Comenzamos a expirar por la boca lentamente durante los mismos segundos que tardamos en inspirar.

Repetir este proceso durante unos minutos.

-OBSERVAR NUESTRO PENSAMIENTO:

El objetivo en la meditación oriental es poner nuestra mente en blanco, parando todo tipo de pensamientos que podamos tener. Pero, para la sociedad de hoy día, puede que nos resulte al inicio demasiado complicado e inalcanzable, entonces el Mindfulness viene para jugar con la atención, enfocarnos en algo en específico para poder bajarle el ritmo esa montaña rusa de pensamientos y de la dispersión.

Podríamos, por ejemplo hacer el ejercicio del paso anterior, el de la respiración y en este caso el elemento que usaremos será el de nuestra propia respiración, y en eso en lo que nos vamos a concentrar, dejando todo lo demás de un lado.

Debemos procurar ser conscientes de ella, plenamente, y de seguro observaremos a medida que lo vayamos haciendo, que se crucen por nuestra mente esos pensamientos que suelen interrumpirnos en el momento presente.

El momento presente es ese momento que está ocurriendo ahora mismo, mientras estamos respirando, ahora bien, los pensamientos nos pueden llevar al pasado o al futuro. Sin preocuparnos, debemos darnos comprensión y tratemos de retomar toda nuestra atención de nuevo a la respiración. Hagamos este ejercicio siempre que los pensamientos nos saquen de la realidad, del aquí y ahora.

A medida que vayamos practicando este ejercicio, más compresión y control vamos a obtener sobre nosotros, más control vamos agarrando y nos ira resultando mucho más sencillo, ya que la mente tiene la particularidad de poderse observar a sí misma.

-IDENTIFICAR LAS EMOCIONES:

En la mayoría de las ocasiones los pensamientos que hacen que nuestra atención sea dispersa, vienen acompañados de emociones.

Debido a cómo vivimos en la vida moderna, todas las personas estamos expuestas a una gran cantidad de cosas que nos producen reacciones emocionales, ya que casi todos nosotros llevamos a cuestas una muy pesada mochila repleta de emociones, que casi todas han sido reprimidas, disimuladas o disfrazadas para poder hacernos más llevadera y fácil el continuar con nuestras vidas.

Estamos constantemente buscando una manera de distraernos y mantenernos ocupados, para así no tener tiempo de pensar en esas emociones reprimidas. He ahí el motivo por el cual cada vez que nos quedamos en silencio y a solas, cuando podría decirse que bajamos la guardia, esas emociones que se han acumulado comienzan a decirnos que aún están allí, vivas y queriendo salir.

Las primeras veces que estemos practicando Mindfulness, es muy normal que comencemos a sentirnos tristes, que sintamos algún malestar, hasta ansiedad podríamos llegar a sentir, aunque sea una contradicción de lo que conocemos como relajación, ya que, esta práctica debería ser relajante. No permitamos que esto nos desanime, ni que logre asustarnos, por lo que deberíamos continuar con nuestras prácticas, es completamente natural que eso suceda.

Es necesario soltar todas esas emociones reprimidas, dejarlas ir. Por ejemplo, cuando vamos a limpiar nuestra casa, debemos enfrentar la suciedad, es lo primero con lo que nos vamos a tropezar al mover todo eso que por hemos tratado de esconder por cierto tiempo.

Una de las técnicas que te pueden ayudar a sobrellevar esas emociones es observar cómo son, cómo se sienten, sin intentar reprimirlas ni eliminarlas.

También te será útil ponerles nombre.

Cuando ponemos nombre a algo, lo hacemos más manejable y nos resulta menos extraño. De esa manera, seremos más capaces de dominar las emociones, en lugar de ser nosotros dominados por ellas.

Hay un ejercicio para soltar nuestras emociones y pensamientos que nos atormentan, es muy sencillo de hacer:

Nos vamos a sentar muy quietos, vamos a tomar consciencia de nuestra respiración y de la postura que hemos adoptado, también del momento presente.

Visualizaremos que estamos en un bosque, a la orilla de un río y tenemos frente a nosotros en el suelo diez ramitas secas, las que van a ir representando los pensamientos y emociones que no queremos mantener dentro de nosotros, ya que son perjudiciales.

Tomaremos una respiración profunda y vamos a enfocarnos en un pensamiento en específico, el que haremos que salga de nuestra mente. Lo identificamos, tomamos consciencia de él y lo trasladamos a una de las ramitas, focalizamos ese pensamiento en la ramita y luego lo soltamos en la corriente del río, vamos a tratar de visualizar como se va perdiendo, yéndose muy lejos de nosotros.

Iremos usando cada ramita en cada pensamiento y emoción negativa que está oculto en nuestras mentes, vamos a ir buscándolas, identificándolas y soltándolas una a una en la corriente del río.

Al finalizar este ejercicio vamos a ser un poco más conscientes de lo que encontramos oculto en nuestra mente y de lo bien que nos sentimos luego de haber echado muy lejos de nosotros todos esos pensamientos y emociones tóxicas, que no nos permitían sentirnos de maravilla.

- UTILIZAR LA VISUALIZACIÓN:

Para poder manejar de una mejor manera nuestros pensamientos y emociones que vayan surgiendo, debemos usar las técnicas de visualización, lo que nos va a facilitar el control mental, para poder llegar a obtener un estado de relajación satisfactorio. El ser humano está muy habituado al mundo de los estímulos, pero, el mundo mental es excesivamente abstracto.

Nuestra mente lleva un registro bastante extenso de sensaciones conectadas a algunas imágenes, a objetos, colores, texturas, etc. Solamente con el hecho de pensar en algo, cerebralmente se prenden esas áreas que están relacionadas con su acto, así que pensar en sitios, o actividades específicas, puede ser que nos estimulen sensaciones agradables y que nos den cierta calma y nos traerá esas sensaciones al presente.

Durante la meditación se van a ir desarrollando nuevas asociaciones, así que cuando entremos en un estado de relajación en el que nos sintamos cómodos, podemos grabarlo en nuestra memoria, vinculándolo con algún color o forma. En las siguientes ocasiones que hagamos la práctica de Mindfulness la visualizamos y de esta manera adentrarnos de nuevo en ese estado de relajación que alcanzamos anteriormente.

- TOMAR CONCIENCIA DE NUESTRO CUERPO:

Las emociones suelen esconderse detrás de nuestro cuerpo en forma de sensaciones corporales. Hay muchos momentos en los que no tenemos idea de lo que nos ocurre, ya que, nuestro cuerpo es como un depósito donde se va guardando todo, la mente esconde muchas cosas para mantenernos en cordura, para que esos pensamientos y emociones no nos perturben, pero ellas terminan convirtiéndose en dolores musculares, problemas de la piel, problemas digestivos, y en constantes dolores de cabeza entre otros.

Al practicar Mindfulness es necesario prestar atención cuidadosamente a nuestro cuerpo. Observando todo en nosotros, debemos tomar una actitud compasiva con nosotros mismos, sin juzgarnos, sin culparnos, debemos observarnos y trata de comprendernos a nosotros mismos.

Hay ciertos pensamientos que nos producen algunas sensaciones físicas, debemos detectarlos y con delicadeza, muy suave tratemos de ayudarnos con la respiración para no preocuparnos por esas sensaciones.

Si es posible debemos perdonarnos por tener esas sensaciones desagradables, llevarnos a ese momento presente en el que no nos importe nada más que el placer y la fortuna de estar vivos y de poder sentir lo que sentimos.

- CÓMO FUNCIONA EL MINDFULNESS PARA REDUCIR EL ESTRÉS

El estrés nos limita y nos impide dar lo mejor de nosotros mismos en la vida y en el trabajo; aparte de eso, puede tener graves consecuencias físicas y psicológicas si permitimos que se establezca en nuestras vidas.

La meditación es una práctica que reduce el estrés y la ansiedad, además de disminuir la presión arterial. La meditación viene a ser como una especie de higiene mental, ya que, es una forma de purificar nuestros pensamientos.

Para poder calmar nuestra mente y poder estar mucho más tranquilos emocionalmente ser más positivos y lograr mantener el ritmo de vida que hoy en día nos exige más de lo que podemos, la meditación es lo que necesitamos.

Si no cuidamos de nuestro cuerpo, descansando lo necesario, alimentándonos nada bien, fuera de hora y de manera desequilibrada, llevándolo al límite, no podemos esperar un funcionamiento óptimo del mismo. La mente es nuestra mayor defensora y también nuestra más acérrima enemiga. Las técnicas de Mindfulness, son realmente, los recursos del sentido común que se combinan con el aprendizaje clásico cognitivo.

Para combatir el estrés, Mindfulness nos provee de varias técnicas que podemos utilizar en casa, nos desconectamos de todo para alcanzar nuestro objetivo, sobre todo debemos apagar el móvil, son ejercicios que si son hechos a cabalidad pueden darnos el resultado esperado:

1.- EJERCICIOS DE RESPIRACIÓN:

Así como beber agua es indispensable para el buen funcionamiento de nuestro organismo, lo mismo es la respiración. Sin subestimarla, haciendo la cantidad necesarias de respiraciones, nos dará además de una buena salud mental, también nos aumenta la salud en la piel. Para que el estrés se mantenga alejado o a raya de nuestro organismo es indispensable la respiración hecha de manera correcta. No es simplemente inhalar y exhalar automáticamente.

Realmente no sabemos respirar, lo hacemos de manera rápida, sin llenar nuestros pulmones completamente, lo que en consecuencia no cumple con la función natural que debería, no oxigena nuestro cerebro, por lo que vamos a terminar estresados y tomando medicamentos para lograr la oxigenación cerebral.

Para combatir el estrés comúnmente nos gastamos mucho dinero en los centros de spas y relajación, cuando lo que realmente necesitamos es poner música suave, con sonidos naturales como la lluvia, el sonido del mar chocando en las rocas, el canto de los pájaros, etc. Un espacio bien ordenado, ya que el desorden nos distrae y nos produce estrés. Se dice que para una respiración óptima se deben llenar los pulmones completamente, sostenemos el aire y vamos exhalando lentamente entre unos cinco a diez segundos en cada respiración.

Practiquemos un poco con esta técnica de respiración: Vamos a usar un corto tiempo para hacerlo. Nos ubicamos en un sitio cómodo, vamos a apartarnos de todo y a enfocarnos en nosotros mismos, puede ser recostándonos en un sofá o sentados, lo importante es estar en una posición bastante cómoda, vamos a cerrar nuestros ojos. Inhalamos por la nariz mientras vamos contando hasta cuatro, luego vamos a ir exhalando por la nariz, nuevamente contando hasta cuatro; repetimos esta técnica las veces que sean necesarias, hasta que nos sintamos aliviados y completamente relajados. Sin apuros. Si por alguna razón perdemos la cuenta, sin molestarnos con nosotros mismos, sin criticarnos, calmadamente comenzamos de nuevo la cuenta, hasta que se logremos mantenernos concentrados en nuestra respiración.

Podemos hacer otro ejercicio, se le conoce como relajación progresiva, mientras mantenemos una respiración profunda y lenta. Es muy parecido al ejercicio anterior. Lo que haremos es que cerramos los ojos, mientras vamos inhalando tensamos los músculos, llenamos nuestros pulmones, sostenemos y contamos hasta cinco y luego exhalamos y soltamos o relajamos nuestros músculos. Este ejercicio se hace iniciando con los pies, se va subiendo paulatinamente, haciéndolo con todos los músculos que podamos, en las piernas, el abdomen, los brazos, las manos, subimos un poco más, al cuello, la mandíbula, que muchas veces la tenemos apretadas por el estrés y nos produce dolor. Seguimos subiendo, los ojos, poco a poco vamos a ir liberando el estrés acumulado, llegamos a la cabeza y vamos a ir sintiendo cómo nos vamos a sentir liberados, relajados.

2.- TÉCNICAS DE RELAJACIÓN:

Las prácticas de yoga y taichí son ejercicios que están demostrados como técnicas muy beneficiosas para combatir el estrés, apartando el hecho de que sean místicos y religiosos, también es porque son prácticas que se basan en el estiramiento de todos los músculos y los fortalece a la vez. Es muy importante el control motor en la práctica de estas artes, ya que no dependen de la fuerza, ni de la potencia, se basan es en la paciencia. Para combatir el estrés son ideales, ya que se debe mantener una concentración durante la práctica.

Si nos decidimos por estas técnicas, lo recomendable es ir con un experto, debemos ir a un centro de yoga o a un sitio en el que se hagan estas prácticas, solo que sean impartidas por una persona que sea certificada en estas artes.

Estás técnicas nos favorecen considerablemente, ya que, liberan endorfinas, que son las hormonas que nos brindan una sensación de bienestar.

Cualquiera de ellas que sea la de nuestra elección, es importante hacerlo con dedicación, tomando en cuenta de que lo hacemos por nosotros mismos, por nuestra salud, para sentirnos y vernos bien, ya que ayuda a que nuestro cuerpo se tonifique y nos haga lucir muy bien

3.- LIBERACIÓN DE LA MENTE DE PENSAMIENTOS NEGATIVOS:

Combatir el estrés no significa que tengamos que evitar lo que sentimos. Aunque hay muchos defensores que dicen que la meditación es la técnica para dejar la mente en blanco. Debemos ir más allá de eso. Hay que sentir y aprender a hacernos cargo de esas emociones y pensamientos negativos.

Cuando sintamos ansiedad, lo ideal es cerrar los ojos, sin tratar de dejar de sentir el estrés. Debemos identificar cada una de las emociones. El cosquilleo en el estómago, cuando se nos acelera el corazón, cuando presentamos sudoración. Todas estas cosas nos indican que estamos vivos y que sentimos. No hay que negarse a sentir ansiedad, debemos aprender a plasmarla sin sentir temor de ella.

Las emociones más difíciles son la ira, la tristeza y el miedo, esto significa que estas emociones surgen de momentos que no son agradables para nosotros, pero, no hemos aprendido a manejarlas.

Al sentir alguna de esas emociones, lo más común es luchar contra ellas, nos resistimos, tenemos miedo de que esa emoción tome el control de nuestro cuerpo y nos coma vivos. Ahora, aparte de esa primera emoción viene una segunda, que es el miedo, y ya hemos identificado dos de ellas. De seguro nos han enseñado que algunas emociones no son adecuadas sentirlas, entonces, viene a hacer acto de presencia la culpa a nuestra carga de emociones.

De un pequeño malestar interno vamos a pasar a quedar totalmente paralizados por el miedo y además nos castigamos sintiéndonos culpables de ello. Es toda una mezcla de emociones que hemos hecho nosotros mismos, nuestra mente nos ha jugado sucio.

Para esto Mindfulness nos enseña a tomar un enfoque mucho más amable, que es observar y aceptar. Sentir no está mal, ya que cada emoción nos envía un mensaje importante, es un aviso que el cuerpo nos está dando de cómo estoy con respecto a mi entorno y a nosotros mismos. Las emociones son muy buenas mensajeras, si somos capaces de recibir su mensaje y dejarla ir, de igual manera esa emoción se va a marchar.

4.- UN MOMENTO AL DÍA DE INTENSIDAD:

Mindfulness es una de esas técnicas de las que se pueden aplicar también en los sitios de trabajo. Lo importante es que cada persona pueda tener un momento de felicidad al día. La idea es tomar esas cosas que nos producen placer, como por ejemplo ese dulce que tanto nos gusta, incluso dibujar, hacer ese dibujo que desde hace tiempo queremos hacer y por falta de tiempo no lo hemos comenzado, esos son esos placeres que podemos saborear y disfrutar en la vida.

Vamos a tomarnos ese tiempo y busquemos sentirnos plenos, felices, tranquilos.

5.- ALIMENTACIÓN SALUDABLE Y CONSCIENTE:

La alimentación sana y la alimentación sana y consciente son dos cosas diferentes. Una alimentación sana puede ser una manera saludable de comer, como el llevar una dieta balanceada, compuesta de proteínas, verduras y grasas buenas. Pero, la alimentación saludable y consciente es aquella en la que tomamos consciencia de lo que nuestro cuerpo realmente necesita para un buen funcionamiento. La cual está compuesta de unos hábitos como el ejercicio diario y la higiene del sueño, son hábitos claves para mantener una vida libre de estrés.

Según estudios realizados en la Universidad de Harvard, en el Departamento de Psicología, se demostró que el no dormir lo suficiente hace que se incremente la producción de hidrocortisona o cortisol, esta es la hormona responsable del aumento del estrés.

6.- TOMAR UN BAÑO RENOVADOR:

El baño desde épocas ancestrales, es un elemento de purificación, que sirve para regenerarnos y hasta para meditar. Este ejercicio restaurador, es más intenso si tenemos una bañera en casa, de no ser así, una ducha también funciona, siguiendo los siguientes pasos:

-Si vamos a usar la bañera, preparamos el agua a una temperatura caliente, pero soportable, le vamos a añadir sales marinas y unas cuantas gotas de aceite de esencias naturales de limón y romero. Si es en la ducha, usaremos agua caliente a temperatura soportable, un gel de baño aromatizador y una esponja.

-Vamos a desvestirnos tipo ritual, a medida que nos vamos quitando alguna prenda, la iremos visualizando como una cáscara, como si nos retiráramos las máscaras sociales, una a una nos vamos liberando nuestro cuerpo de ellas.

-Entraremos a la ducha o la bañera muy despacio, teniendo consciencia de las sensaciones en la piel y el olfato.

-Nos vamos a bañar sin apuros, con delicadeza vamos a usar la esponja y recorriendo cada espacio de nuestra piel, sintiendo la suavidad de la esponja, disfrutando del aroma que emana de los aceites, las sales marinas o el gel.

-Podemos cerrar nuestros ojos mientras centramos nuestra atención en lo que estamos haciendo, poco a poco vamos a ir sintiendo como nos vamos liberando de ese estrés que nos mantiene agobiados.

-Al finalizar el baño, dejaremos en el agua toda esa energía negativa, ese estrés acumulado durante el día y vamos a sentirnos renovados, relajados.

Casi todas estas técnicas se pueden hacer en casa. Recordando siempre estar atentos a lo que hacemos, sin pensar en nada más, sin juzgarnos, sólo disfrutando del momento.

- DIFERENTES TIPOS DE MEDITACIONES PARA DIFERENTES TIPOS DE DOLENCIAS FÍSICAS Y ESPIRITUALES.

Existe muy variados tipos de meditación, cada uno dedicado a diferentes tipos de necesidades bien sea espiritual o para alguna dolencia física de cada persona.

Los tipos de meditación son: budista, Meditación Zen, Transcendental, Vipassana, Kabbalah, Mantra, Sufi, Dzogen, Chakra.

MEDITACIÓN BUDISTA:

Es también llamada meditación completa de la mente, la cual trata de mantener la mente total y absolutamente enfocada en el momento presente. Sin viajar mentalmente al pasado o al futuro, nada de vínculos mentales, es para mantenernos justo en el momento en el que estamos, en el aquí y el ahora.

Una de las mejores y la más maravillosa herramienta es nuestra mente. Pero, al no tener el conocimiento necesario de cómo usarla, aprovecharla o manejarla nos convierte en esclavos de nuestra propia mente. Desafortunadamente, la mayoría de nosotros no sabemos diferenciar las cosas que existen en nuestras mentes.

Lo que nos dice Buda es que nuestra mente es como una cadena de reacciones y deseos, esto sucede porque nos dejamos dominar, nos dejamos llevar por reacciones, lo que realmente es una perdición en la que nos vemos atrapados constantemente y no nos permite experimentar el verdadero significado de la vida.

Supongamos que nos estamos comiendo una naranja, pero, nuestra mente viene y nos dice "me sentiría mejor si me como unas fresas", le hacemos caso y cambiamos la naranja y nos comenzamos a comer unas fresas, entonces la mente nos dice "me sentiría mejor si yo me como una pera" porque digamos que la pera es más cara y más difícil de conseguir. Vamos y conseguimos la pera, nuestra mente decide cambiar de parecer y así vamos a estar infinitas veces.

Para explicar esta técnica de una manera diferente, es sentirse plenamente en el tiempo presente, es como cuando realizamos una actividad, cocinar, por ejemplo. Comúnmente de manera inconsciente la mente se irá a otro sitio, se dispersa pensando en el pasado o el futuro. Pensando en cosas que a veces son tonterías, aunque en otras ocasiones no tanto, como en la lista de las compras, o en el trabajo que tenemos pendiente por hacer, o imaginamos situaciones con las que la mente comienza a dar vueltas y nuestra atención se pierde en eso y puede que las cosas en la cocina nos salgan mal, se nos quema o se nos pasa la mano en los condimentos.

La mente no sabe que hay una diferencia entre lo que es real y nuestro diálogo mental, los dos producen pensamientos, emociones y por último acciones. Dichas acciones originan reacciones, las cuales son conocidas como el ciclo del karma.

Yogi Bhajan dijo: *"Todas las enfermedades, todo lo superficial, todo el dolor, todas las miserias son el resultado de una cosa: mantener la negatividad dentro de ti"*

Al meditar con la mente completa, nos indica que debemos mantener la mente en el aquí y el ahora, disfrutando del momento presente con toda nuestra atención. Es una muy sencilla técnica, es solo sobre mantener la atención en la respiración. Aunque suene fácil de decir, pero al tener una mente sin entrenamiento hace que sea más difícil sostener un punto de concentración y atención por más de un par de minutos.

MEDITACIÓN ZAZEN:

En el budismo se le conoce como meditación Zen. Es sentarse en Zen o sentado en concentración, es lo que significa en Japón. Se basa en la experiencia del vacío, en la nada. En esta práctica se debe mantener la atención total en la respiración. La mejor forma es haciendo un conteo de las respiraciones. Si por cualquier motivo se llegara a perder la cuenta, iniciamos desde cero y retomamos la atención en nuestra respiración.

Sostener la mente completamente concentrada y enfocada en la respiración se torna un gran reto para nosotros, debemos lograr alcanzar vaciar por completo nuestra mente, ponerla en blanco. En esta práctica se va tratar de desechar cualquier pensamiento que altere nuestra mente. Para ello antes de comenzar debemos mantenernos centrados en la respiración y en estar totalmente presentes y centrados.

Se ha demostrado mediante diversos estudios que este tipo de meditación es beneficiosa para nuestra salud. Dichos estudios han arrojado que la práctica constante de la meditación Zen mejora considerablemente la salud sobre todo en el aspecto psicológico, sirve para bajar el estrés, da muy buenos resultados para el tratamiento de la depresión, mejora también la capacidad de auto control y para gestionar las emociones.

También ofrece beneficios físicos, como para nuestra salud cardiovascular, nos aumenta la energía lo que significa que mejora los procesos digestivos

Así que mejora el estado psicológico, actúa de manera directa sobre el estado físico, de modo que los beneficios de la meditación Zen se aprecian desde una dimensión holística en la que todas las partes están interconectadas entre sí.

MEDITACIÓN TRANSCENDENTAL:

La meditación trascendental es una técnica de meditación basada en la repetición de mantras. Tanto la técnica de meditación como el movimiento fueron creados en India a mediados de los años cincuenta por Majarishi Majesh Yogui y alcanzó extensión mundial en los años sesenta

En la práctica de esta meditación se basa en repetir un mantra sagrado. Se hace dos veces al día, es lo que se recomienda para alcanzar una meditación profunda, una en la mañana y otra meditación en la tarde, de aproximadamente veinte minutos en cada sesión.

La meditación transcendental no es una organización religiosa, a pesar de que afirman que el repetir el mantra sagrado nos va acercando más a los dioses.

Esta meditación es una técnica que se basa en repetir unos mantras. Tanto esta técnica como el movimiento fueron creados en la India a mediados de los años cincuenta, por el gurú religioso Maharishi Mahesh Yogi. Alcanzó su fama en los años sesentas y setentas, y esto fue gracias a que los integrantes de la banda de rock and roll conocida como The Beatles comenzaron a meditar con la guía de este gurú.

Para la práctica de esta meditación se debe asistir a los centros en los que nos van a guiar a través de la misma y enseñarán a lograr alcanzar el punto máximo.

Los efectos de la meditación trascendental sobre la mente y el cuerpo: durante su práctica aprendemos a experimentar sin esfuerzo un impulso ordenado del pensamiento y niveles más sutiles y silenciosos de conciencia, pronto vamos más allá o trascendemos, inclusive los pensamientos más simples se quedan calmados; en este momento la mente está totalmente despierta, consciente y a pesar de eso libre de cualquier actividad de pensamiento interna, este es un estado de silencio puro y de conciencia pura, es una reserva de claridad, de creatividad, de energía e inteligencia.

MEDITACIÓN PENETRANTE:

También es conocida como la meditación Vipassana, esta técnica nos dice que debemos ver las cosas como realmente son. Proviene de la India, Gotama Buda la redescubrió hace más de 2500 años, fue un método usado para curar a las personas de algunas enfermedades.

Es una técnica basada en la auto-observación, de auto-purificación.

Este ejercicio se comienza observando la respiración natural, para así hacer que nuestra mente se concentre en ello, luego ya al tener la atención de la mente, vamos a observar cómo nuestro cuerpo y la mente comienzan a variar naturalmente y se perciben las verdades universales de la impermanencia, el sufrimiento y el ego. La impermanencia viene a ser como un camino a la liberación, en el que comenzamos a ver que no debemos apegarnos a lo que no existe.

Es el conocimiento de la verdad por medio de una experiencia directa, es el paso de purificación. Nos muestra que el camino es el remedio universal para los problemas universales, lo que no tiene nada que ver con religiones, ni algún tipo de secta.

Todas las personas que lo deseen podrán practicar este tipo de meditación, de manera libre en cualquier momento y lugar, trae muchos beneficios para quien la practique.

Alcanzar una meditación vipassana óptima no se da de la noche a la mañana, se necesita ser constantes, estos cursos de ayuda vipassana son todas gratuitas, nadie recibe un pago impartir su conocimiento. Todo es a través de donaciones.

Para la práctica de la meditación vipassana se deben seguir los siguientes cuatro pasos, que son de suma importancia para esta técnica:

-El primer paso: acerca de "la conducta". El participante no debe estar involucrado en ningún sentido en las siguientes actividades; matando, robando, teniendo actividad sexual, hablando falsamente o intoxicándose. La meta es llevar calma a la mente tanto que puede prepararte para la observación.

-El segundo paso: tratando de mantener nuestra atención y concentración en la respiración, en este ejercicio nos enfocaremos en lo que ocurre en nuestras fosas nasales. La clave está en alcanzar lograr dominar nuestra mente, estando en el momento presente, en el aquí y el ahora.

-El tercer paso: se basa en la observación de las sensaciones de nuestro cuerpo, en la no reacción ante esas sensaciones. La idea es entender esas sensaciones, desarrollar la igualdad y para aprender a no reaccionar ante dichas sensaciones.

-Finalmente el cuarto paso: es en el que se trata de llenar de amor y bienestar en todas partes, el fin de esta práctica es ampliar la pureza y el amor.

Lo que NO es Vipassana:

No es un rito o un ritual basado en la fe ciega.

No es un entretenimiento intelectual ni filosófico.

No es una cura de descanso, unas vacaciones o un club social.

No es una huida de los problemas y las tribulaciones de la vida diaria.

Lo que SÍ es Vipassana:

Es una técnica para erradicar el sufrimiento.

Es un método de purificación mental que nos capacita para afrontar las tensiones y los problemas de la vida de una forma tranquila y equilibrada.

Es un arte de vivir que se puede utilizar para contribuir positivamente a la sociedad.

La práctica de Vipassana, también es conocida como el seguimiento de la respiración, Buda la describe con mucho detalle en las escrituras tempranas. Esta meditación nos da de manera directa de trabajar en nosotros mismos, en cultivar la concentración y la sensibilidad, que son las dos cualidades más importantes para alcanzar una mayor meditación.

MEDITACIÓN KABBALAH:

Los líderes judíos espirituales fueron quienes comenzaron a impartir las enseñanzas de esta meditación. Su creencia se basa en que esta práctica nos llevará a acercarnos a Dios. De hecho una de las técnicas es en la visualización en el nombre de Dios.

Esta meditación tiene a su vez diferentes tipos, Para los principiantes van a comenzar con la meditación llamada Shema, lo que en hebreo significa oír. La práctica de esta meditación es la inhalación y exhalación haciendo el sonido "sh". Luego inhalamos y exhalamos junto al sonido "mm" hasta que logremos sentirnos profundamente dentro del estado meditativo de la mente.

A través de esta respiración se va produciendo un masaje que va reduciendo las tensiones que tenemos acumuladas y nos da una buena oxigenación de la sangre y del cerebro.

Tiene tres estados del Alma para meditar, que son:

Neféch, (sangre) etimológicamente significa descansar, relajarse y a su vez es animarse, desperezarse.

Rouah, se define como Soplo-Espíritu. En rouah la iluminación penetra de tal forma que lleva la mente a la nada, o sea, que percibe esa quietud de indescriptible paz interior. Es cuando el hombre sabio alcanza la iluminación.

Nechamah, nacham, respirar, nechem, respiración. Es considerado como el Soplo de Dios. En nechamah la meditación alcanza su objetivo, la conexión total y vehicula la salud en todas sus manifestaciones.

MEDITACIÓN MANTRA:

Esta práctica es a través de sonidos sagrados, es un tipo de meditación con mucho poder y es realmente efectiva, gracias a la vibración que producen los sonidos. La vibración alcanza el tímpano cuando se produce el sonido.

Podría estimularse el sistema endocrino, en especial la glándula pituitaria o glándula maestra y la glándula pineal, que está ubicada en nuestras cabezas y se logra es a través de vibraciones específicas.

Este ejercicio mantiene la mente ocupada, mientras cantamos el mantra, respiramos en una pauta en específico. Así como cuando cantamos nuestra canción favorita, que la pauta de nuestra respiración se nivela con la respiración del cantante.

Los sonidos vibrantes de los mantras son sonidos determinados, que cuando se liberan producen una frecuencia. Son sonidos realmente básicos. El paladar contiene ochenta y cuatro puntos meridianos que cuando son estimulados con el sonido vibrante producimos una frecuencia en especial. La frecuencia va desde el hipotálamo hasta la glándula pituitaria. Esto hace que se liberen las hormonas y es cuando viene el cambio de humor en nuestras emociones y ahí comienza la sanación.

También, estas vibraciones estimulan el nervio vago, que es el que afecta al cuello, la mandíbula, el corazón, los pulmones, la tráquea intestinal y los músculos de la espalda, es decir los nadis y los chacras.

Esta práctica es cualquier otro objeto de concentración nos pueden ayudar a calmar nuestra mente. Cuando recitamos un mantra, se puede hacer en voz alta o internamente, es normal que haya menos ruido mental. Al cantar un mantra se obtiene una corriente paralela de discurso interno, este canto crea un mayor sentido de continuidad, el cual se va a desarrollar a medida que vayamos practicándolo.

Algunos dicen que la palabra mantra significa: lo que protege la mente.

MEDITACIÓN SUFI:

Sufismo, es el camino del corazón. Cuyo objetivo principal es el de liberar el ideal de la dualidad, es abrazar y comprender el universo como un todo, a través del amor a Dios viene la unión del amante con el amado.

Se usan diversas técnicas, ya que el sufismo tiene caminos distintos.

El sufismo de Naqshbandi es la orden que utiliza la energía del amor para ir más allá de la mente. Lo primero es centrar el sentimiento del amor, para activar el chacra del corazón. Para ello debemos pensar en Dios, en un pariente o un amigo, de manera que se nos haga fácil comenzar con esta práctica. Se cree que el sentimiento de amor es más grande que el proceso del pensamiento superando a la persona al estado de mente vacía.

Esta meditación es una herramienta en la que adquirimos conocimientos íntimos en nuestro ego y nuestra alma, mirando un área de estudio el cual es más vasto que el cosmos. Esta práctica se hace en silencio, a través de ella se cultiva la escucha, el silencio, las atenciones y los vacíos.

Meditación Dzoghen:

La meditación Dzogchen, pronunciada Zog-chen. La reputación de esta práctica es la de ser un camino directo y sin esfuerzo, en el que solo se permanece en el estado natural de la mente. En parte sí, pero, al sólo reconocer lo que sucede en nuestra experiencia cognitiva. Se le conoce como el camino natural en el Budismo Tibetano. Este tipo de meditación es practicada por el Dalai Lama.

En esta práctica no se usa ninguna respiración específica, ni mantra, ni niveles de concentración. Es mucho más natural. Se puede practicar con los ojos abiertos. En ella trabajamos con el factor que dicta que todo lo que necesitemos lo tenemos que buscar, porque está dentro de nosotros mismos.

Las tres bases de la meditación Dzoghen son "solo sentándote", "solo respirando", "solo siendo".

Es un sistema considerablemente avanzado de meditación en los niveles fundamentales más profundos y sutiles de la mente.

"Mente" se refiere a la actividad mental ininterrumpida de involucrarse cognitivamente con los objetos, dicho de otra manera, es la actividad mental de dar surgimiento a las apariencias, a los hologramas mentales.

Esta es una visión un enfoque de la meditación complementaria a la del esfuerzo y el camino: "cuando las dos se articulan, la del esfuerzo y la del no esfuerzo, sin ser contradictorias sino complementarias, la meditación funciona". Aquí la historia es que normalmente la mente se está esforzando inconscientemente para no entrar en no esforzarse y lo que llamamos no esfuerzo, es en realidad un esfuerzo constante por no entrar en no esforzarse.

MEDITACIÓN CHAKRA:

Los chacras representan los centros invisibles de energía del cuerpo humano. Se dice que al ser bloqueadas, producen problemas físicos y emocionales. Los chacras son visualizados como espirales de energía vértices.

Existen chacras en todo nuestro cuerpo, se conocen siete, pero si contamos en que se encuentra en el plexo solar, serían ocho. Cada uno está asociado con un color y cada uno tiene características diferentes. Es una práctica que debe ser guiada, en la que se concentra la mente en dichas energías vértices y sus diversas cualidades.

Para desbloquear estos puntos se podría usar un método el cual es una adaptación occidental que fue adaptado del sistema de chacras. Los chacras ocupan nuestro cuerpo distribuidos de manera horizontal, son comparados con discos que giran. Cada uno se asocia con diferentes glándulas y sus hormonas.

Son muchos los atributos de cada chacra, pero se ha resumido en:

-Chakra de la coronilla, glándula pituitaria: está ubicada en la parte superior de la cabeza y es de color púrpura. Se asocia con la espiritualidad y el conocimiento.

-Chakra del tercer ojo, glándula pineal: se encuentra en la frente y es de color azul índigo. Se asocia con la percepción, intuición y autodisciplina.

-Chakra de la garganta, glándula tiroides: se ubica en la garganta y es de color azul. Se asocia con la comunicación y la inspiración.

-Chakra del corazón, glándula timo: esta se ubica a la altura del corazón y es de color verde. Se asocia con el amor, la compasión y la sanación.

-Chakra del plexo solar, glándulas suprarrenales e islotes pancreáticos: se encuentra a la altura del ombligo y es de color amarillo. Se asocia con la personalidad, el poder y la sabiduría.

-Chakra del hueso sacro, ovarios y testículos: se encuentra ubicada a la altura de los genitales y es de color anaranjado. Se asocia con la sexualidad y creatividad.

-Chakra de la raíz, gónadas y médula suprarrenal: se ubica a la altura del ano y es de color rojo. Se asocia con la supervivencia, el instinto y la estabilidad.

- Incorporando el Mindfulness a tu vida diaria: el ejercicio, las comidas, el tiempo de descanso, etc.

Mindfulness desde el punto de vista psicológico sugiere la concentración desde la atención y la conciencia. Nos provee de múltiples beneficios tanto psicológicos como físicos. Llevando a cabo su práctica regular nos hará dormir mejor, entre otras cosas, mantendremos la ansiedad a distancia y nuestros sentimientos estarán equilibrados.

La práctica de Mindfulness tiene diversos ejercicios y técnicas, se puede hacer de dos maneras, la práctica formal y la práctica informal. Son muchas, pero aquí tenemos a continuación 5 de esos puntos para meditar y aplicar en nuestra vida diaria:

-Confiar en el proceso: Si meditar nos resulta algo incómodo, vamos a iniciar poco a poco, es necesario recibir la instrucción de un profesional, para que nos ayude y nos lleve por el mejor sendero de Mindfulness.

-Insertar Mindfulness dentro de nuestras rutinas: Para que esto funcione debemos abrir un espacio pequeño, que encaje con nuestros muchos deberes diarios, para no crearnos un problema más, podemos hacer esta práctica al levantarnos, a medio día y antes de acostarnos, que son más o menos los momentos del día en que nuestro nivel de estrés es más alto.

-Juntar a otro hábito: Podemos unir esta práctica y hacer ejercicios a mente y a nuestro cuerpo mezclar nuestra práctica de meditación con otra actividad y así no hay que reacomodar nuestro horario, por ejemplo si vamos al gym, podemos hacer Mindfulness mientras ejercitamos nuestros músculos. La idea es no dejar de practicar esta técnica.

-Usar la meditación para enfocarnos en otras áreas: podríamos hacer una meditación rápida antes de hacer algún deporte, antes de preparar un informe para la universidad, o para enfrentarnos a nuestra rutina laboral, para poder obtener una mente con claridad y tener un mejor enfoque. Además de que lograremos atar nuestra atención a un hábito que tenemos en nuestro día a día.

-Meditar al sentirnos distraídos: Usar esos momentos en los que nuestra mente tiende a distraerse, cuando la ansiedad aparece para abrumarnos y es necesario parar, meditar y recargarnos de energías positivas. Dejamos de hacer lo que sea que estemos haciendo, sin importar que, respiremos y hacemos alguna de las prácticas para calmar nuestra mente y poder seguir en lo que estábamos.

- MANTENIÉNDOTE EN EL CAMINO CORRECTO

La práctica de Mindfulness, solo requiere que la persona se quede tranquila, observe y sienta. Esta técnica se puede practicar sentado o recostado, sin hacer nada más que poner atención en la respiración durante unos minutos al día.

Cuando las personas analizan todos los problemas que tienen, si se dan unos minutos para reflexionar, se darían cuenta que todos esos problemas son más graves en su mente que en la realidad, comenta el psicólogo, quien agrega que "el verdadero problema no son las causas externas, el problema es cómo tendemos a reaccionar hacía ellas".

Los tres puntos fundamentales en Mindfulness son: prestar atención de manera intencional. Prestar atención en el momento presente y prestar atención sin juzgar.

Mindfulness es una práctica que no es difícil de mantener, podemos mantenernos en la práctica de esta técnica, siguiendo los pasos y así podremos llegar a disfrutar de una vida plena, de una vida menos estresada y sintiéndonos un poco más felices.

Mediante esta técnica nuestra salud mental va a mejorar considerablemente, ya que vamos a controlar las emociones y los impulsos. Para alcanzar vivir en el momento presente, es necesario tomar en cuenta estos consejos:

-Debemos convertir esta práctica en un hábito, empezando de a poco, hasta llegar a un punto donde la práctica se cada día.

-Conocer nuestras necesidades, es decir, lo que necesitamos solucionar a través de esta técnica. Conociendo lo que nos afecta es el primer paso para eliminarlo.

-Establecer objetivos que se puedan lograr, como por ejemplo, practicar todos los días por un mes. Si apuntamos a un objetivo mayor y no logramos cumplirlo, nos llenaremos de frustración y el esfuerzo habrá sido en vano.

-Las sesiones cortas, de entre 2 y 5 minutos son una buena forma de empezar, pero poco a poco deberemos ir aumentando el tiempo que dedicamos a esta práctica.

-Lleva la práctica a donde vayamos, ya sea haciendo ejercicios o en cualquier otra actividad que nos produzca estrés. Es mejor centrarnos, puede ser en los ejercicios de respiración, que podemos practicarlos donde sea.

-No es necesario que adaptaremos nuestro entorno para esta práctica, pero sí es posible conseguir un lugar calmado y específico para meditar, veremos cómo los beneficios llegan con mayor rapidez.

-Buscar un grupo para meditar en conjunto, así aprenderemos técnicas y métodos que han funcionado en personas con necesidades similares a las nuestras. Si no hay en nuestra zona, se puede optar por grupos y foros online en los que se intercambian experiencias y consejos.

-Concentrarse en la tarea que se tiene por delante, evitando realizar demasiadas cosas a la vez. El multitasking es uno de los peores enemigos que deberemos enfrentar si lo que queremos es reducir el estrés.

5
IMPORTANTE

¿ESTÁ DISFRUTANDO DE LA LECTURA DE ESTE LIBRO?

Si estás disfrutando leer este libro y estás encontrando un beneficio en él, me encantaría avisarte que este libro tiene una version en audiolibro, puedes hacerte con el de forma gratuita si escaneas el siguiente código QR:

¡Gracias por tomarte el tiempo!
¡Qué lo disfrutes!

CAPITULO 5
LA MEDITACIÓN COMO HERRAMIENTA INDISPENSABLE

COMO MEDITAR, COMO COMENZAR SI ERES PRINCIPIANTE

Meditar es un ejercicio que nos conecta con nuestra parte inconsciente y nos hace ver la vida de manera más positiva. Es una técnica de relajación y conexión, la cual nos ayuda a tratar diferentes problemas como la ansiedad, el miedo y el estrés.

Debemos tener paciencia con esta técnica, ya que es un proceso un tanto largo, no se verán los resultados de inmediato, aunque sí es sencillo y muy satisfactorio desde las primeras sesiones. Tomemos en cuenta que la meditación es una práctica de origen oriental y que en la actualidad es practicado por muchas personas a nivel mundial ya que obtendremos múltiples beneficios para nuestra salud mental y física.

Las técnicas para meditar son como principal la concentración, para ello hay tres puntos importantes: la repetición de un mantra, la concentración en la respiración y escuchar música relajante en el que haya un gong repetitivo. Y en segundo lugar está la atención plena, en la que no debemos huir de nuestros pensamientos, sino que los tenemos que observar, reconocer y dejar ir.

- MEDITACIÓN Y RESPIRACIÓN ZAZEN

Para la práctica zazen, es necesario sentarse en el centro del zafú, que es un cojín alto y redondo, debemos mantenernos derechos, estirando la espalda. Cruzaremos las piernas tomando la posición de loto o medio loto, que las rodillas queden firmemente apoyadas en el suelo. Empujando el cielo con la cabeza y la tierra con las rodillas.

La mano izquierda apoyada sobre la palma derecha, los pulgares tocándose, presionando ligeramente, ambas manos deben estar en contacto con nuestro abdomen.

El mentón recogido, la nuca estirada, la nariz vertical a nuestro ombligo, los hombros deben caer de forma natural.

La boca debe estar cerrada, la lengua sobre el paladar, justo detrás de los dientes superiores. Los ojos a medio cerrar, la mirada puesta en un punto, puede ser a 1 metro de nosotros.

La respiración debe ser calmada, larga y profunda. Prestando atención a la espiración, la cual deberá empujar hacia abajo sobre la masa abdominal. La inspiración viene naturalmente, de manera automática y espontánea. El vientre siempre debe estar libre, distendido y en expansión.

Con esta postura se va a interrumpir el flujo de pensamientos incesantes, porque toda nuestra atención estará dirigida a la tensión muscular y a la respiración.

Mientras más se practica zazen, más vamos a comprender con todas nuestras fibras que los pensamientos son vacíos y no son reales, que vienen y van.

Notaremos que existe una conciencia intuitiva, original y universal, muy diferente a la conciencia habitual del yo.

Si logramos mantener ese perfecto estado de conciencia zazen, se activarán una vida natural, impensable, más allá de los pensamientos del yo personal y se sentirá que estamos ligados al mundo exterior y a todos los elementos de la naturaleza.

- MEDITACIÓN DE CAMINATA

Regularmente no caminamos, más bien andamos a las carreras diariamente, nuestros pasos son apresurados, esto es debido a que en el mundo moderno es necesario, para que nos dé tiempo de hacer todos los quehaceres diarios.

Si pudiéramos caminar y disfrutar de esa acción podríamos meditar mientras lo hacemos, haciendo que nuestra caminata sea más amena, sólo podría tomarnos un tiempo adicional.

Vamos a elegir un lugar, puede ser el camino a la parada de bus o una escalera, cualquier trayecto sirve para practicar la meditación.

En esta meditación caminaremos disfrutando de la caminata, sin llegar, esa es la técnica. En sánscrito hay una palabra "Apranihita", que significa sin deseo, sin finalidad. Se trata de que no pongamos nada frente a nosotros y vamos tras ello. En esta práctica lo haremos con ese espíritu. Realmente disfrutándolo, sin tener alguna finalidad, sin ningún destino en particular. Caminando por el placer de caminar, tan simple como eso.

Sin decir palabra alguna, solo visualizando las flores que se abren a nuestros pies. Nos convertimos en un uno con nuestro planeta verde. Usaremos nuestra creatividad y conocimiento para inventar frases propias.

"Caminar en plena consciencia nos trae la paz y la alegría, y hace nuestra vida real.... Cada día caminas a alguna parte, de modo que añadir la meditación caminando a tu vida no te tomará un tiempo adicional ni requerirá que vayas a un lugar diferente."

- MEDITACIÓN PARA CHEQUEAR TU CUERPO

El ejercicio de chequeo corporal es una técnica de intercepción o la capacidad de percibir el interior del propio cuerpo. Es fijar nuestra atención en el mundo interno de todos nuestros estados corporales. Es decir, atender a nuestras sensaciones, bien sean del corazón, de los músculos, el estómago, la cabeza, a la sensación de todo nuestro interior.

Las funciones interoceptivas hacen referencia a aquellos estímulos o sensaciones que provienen de los órganos internos del cuerpo humano, como las vísceras, y que nos dan información acerca de las mismas. Es un aspecto esencial de la función observadora de la mente de nuestro interior, la cual nos deja desarrollar la sintonía con el resto.

Para acrecentar nuestra capacidad de observación es necesario hacer regularmente ejercicios de chequeo corporal.

A medida que vayamos fijando nuestra atención a las sensaciones corporales de la experiencia subjetiva, más iremos activando zonas cerebrales que nos van a permitir ser más capaces de sintonizar con los demás y sentirse identificado por su experiencia.

Por el hecho de poder enfocar la atención activa unas pautas en concreto de activación neuronal, La neurociencia indica que las neuronas se activan juntas y se conectan entre sí. El cual es un aspecto subjetivo de la atención neural en el que podemos enfocarnos hasta dirigir la parte física de la activación neural.

Cuando logramos enfocar nuestra mente vamos estimulando el crecimiento y la activación de las neuronas y crearemos un sistema nervioso más integrado.

- MEDITACIÓN DEL MANTRA

Esta práctica consiste en dos componentes individuales, que son cantar mantras y meditar. Su propósito es diferente, es según la persona que lo practique.

La meditación mantra necesita de una práctica constante, es muy fácil y puede generar muchos cambios positivos en nuestras vidas.

Lo primero que debemos hacer es averiguar por qué queremos usar este tipo de meditación.

Buscamos un mantra o varios, que sean los que necesitamos para nuestro propósito.

Luego vamos a establecer una intención, lograra que obtengamos un estado más profundo de meditación.

Buscaremos un sitio lo bastante cómodo para hacer nuestras meditaciones.

Vamos a tomar una postura cómoda, con las piernas cruzadas, las caderas elevadas y con nuestros ojos cerrados.

Nos concentramos en nuestra respiración, sin tratar de controlarla.

Es el momento de cantar el mantra elegido. Si queremos seguir cantando y meditando en silencio.

Podemos meditar el tiempo que deseemos. Luego del finalizar de cantar mantra, vamos a meditar en silencio, manteniendo la misma posición.

- MEDITACIÓN DE AMOR Y AGRADECIMIENTO

Esta meditación está hecha para manifestar el amor. Puede ser para fortalecer la relación amorosa o para encontrar ese amor en nuestras vidas, esta práctica nos va a ayudar mucho. Mediante la visualización podremos mostrar nuestros deseos más íntimos y románticos.

Si ya tenemos pareja, al practicar juntos la meditación, se fortalecerá más el amor entre ambos. Se atravesarán las barreras del miedo y los bloqueos mentales, logrando una sanación desde el interior y mucho más efectiva.

La meditación de gratitud traerá abundancia a nuestras vidas, porque cuando somos agradecidos desde nuestro corazón, mandamos esa energía al universo. En cualquier momento podemos llenar nuestros corazones de amor y gratitud, así atraeremos fuertemente nuestros deseos.

Además, nos hará sentirnos muy bien, porque nos daremos cuenta de las cosas positivas como resultado de nuestros esfuerzos.

7

CAPITULO 6
CONCLUSIONES DEL MÉTODO

Generalmente todos vivimos sumergidos en la vida moderna, por lo que el estrés es parte de nuestro día a día y estamos constantemente lidiando con él y con la ansiedad. Las jornadas laborales son extenuantes, la desorganización, la vida sedentaria, la mala alimentación.

Todo esto nos trae como consecuencias diversos malestares, manteniéndonos dispersos, con tensión muscular, dolores de cabeza, de espalda, etc. Y con el tiempo surgen diferentes problemas de salud, como insomnio, sobrepeso, presión arterial, incluso problemas de salud mental.

Gracias a algunas técnicas muy sencillas, las cuales se pueden practicar desde cualquier sitio y momento del día podemos lidiar con todas estas situaciones que nos mantienen tensos y con la mente ocupada en el pasado o en el futuro sin darnos cuenta que nos perdemos el momento presente. Una de las más efectivas es la meditación. Es un método milenario que nos trae un sinfín de beneficios, a nivel físico y mental.

Cuando nos hablan de la meditación o leemos ese término, inmediatamente visualizamos en nuestra mente a un buda sentado sonriente y feliz. Pero, no es tan fácil como nos lo hace ver esa imagen. Para alcanzar una meditación profunda, es necesario mantenernos en la práctica de ella.

Hace unos treinta años aproximadamente surge una nueva técnica, basada en la meditación, que está desvinculada de todas las religiones, sólo es un método aunado llamado Mindfulness o atención plena.

La mente suele interponerse en los momentos en que estamos solos o en silencio, tiende a llevarnos al pasado o al futuro, haciendo que nos perdamos de vivir en nuestro presente, en el aquí y él ahora.

Tras diversos estudios a nivel mundial se ha demostrado que la práctica constante de estas técnicas nos hace alcanzar una vida plena y feliz.

Aprendemos a conocernos, a reconocer nuestras emociones, enfrentaremos nuestros más grandes miedos, lo que nos produce ansiedades, pero, también descubriremos lo que nos llena de felicidad.

Existen muchos tipos de meditaciones, depende de para qué la necesitemos es cuándo vamos a elegir una.

Algunos de los diferentes tipos de meditación son: Budista, Zazen meditation, Transcendental, Vipassana, Kabbalah, Mantra, Sufi, Dzoghen, Chakra. Todas ellas nos proveen de muchos beneficios, nos llenan de energías positivas y nos hace ser mejores personas, con nosotros mismos y con el resto.

A través de la meditación sanaremos nuestras dolencias, gracias a estas técnicas es que aprenderemos realmente a respirar y a tomar consciencia de nosotros mismos.

Para todas estas prácticas es recomendable asistir a un centro en el que nos indiquen la manera correcta de hacerlo, en caso de que no encontremos uno, podemos acudir a buscar en internet las meditaciones guiadas, pero siempre de la mano de una persona que sea experta en el tema y que tenga una certificación; ya que puede ser contraproducente para nuestra salud si no hacemos bien la práctica.

CAPITULO 7
MEDITACIÓN GUIADA

En este capítulo te ayudare como guía para lograr la meditación de manera efectiva y completa para que puedas lograr comprender y poner en practica todo lo aprendido en este libro. Cabe resaltar que este capítulo es mucho más efectivo en su versión Audiolibro. Te recomiendo que lo consigas al terminar de leer este libro. Sin más, continuemos.

MEDITACION GUIADA

Complementalo con esta Música **Escuchala aquí**

Te doy la bienvenida a esta Meditación Guiada, espero poder ayudarte a través de esta meditación a que logres llegar a un momento de paz interior y que puedas conectar con tu yo interior.

Primero antes que nada busca un lugar en tu hogar donde puedas estar en silencio, sin distracciones y que te sea lo más cómodo posible. Luego tomate un minuto para ser consciente del momento presente, forma parte de él y hazlo tuyo. Mis palabras en este momento actúan como un sonido de fondo, como una suave brisa que te acompaña durante el viaje.

- Como primer paso, quiero invitarte a que hagas un lugar dentro de ti a las sensaciones del momento que traten de invadir tu mente, mientras más practiques esta meditación, mas sensaciones positivas vendrán hacia ti. Relaja tu cuerpo completamente.
- Cierra lentamente tus ojos
- Vamos a comenzar tomando una respiración profunda y comienza a visualizar algo que te produzca sensaciones positivas
- Luego deja tu mente en blanco al concentrarte en tu respiración y sigue inspirando y exhalando.

Ahora presta atención a las siguientes afirmaciones y repite conmigo:

- **Merezco todo lo bueno y positivo de la vida**
- **En todos los aspectos de mi vida la abundancia llega hacia mi inevitablemente**
- **Todo lo mejor, lo merezco y lo disfruto**
- **Todo lo bueno llega hacia mi sin ningún esfuerzo**
- **Estoy profundamente agradecido por esta abundancia que llega hacia mi**
- **Estoy agradecida por todo en mi vida**

No te olvides en seguir a tu ritmo con la respiración.
Tomate tu tiempo para relajarte y comienza a entrar en un estado mental más profundo.
Comienza a relajarte
Continúa concentrándote en tu respiración, solo escucha mi voz, cada vez estas más relajado.
Al contar del 1 al 10, comenzaras a entrar en ese estado mental más profundo
10, 9, 8 (comienza a sentir como entras en ese estado más profundo), 7,6,5,4,3,2,1
Toma una respiración más profunda y siente como entras en ese estado más profundo, más relajado y más saludable.

Bienvenido, ya estás en este estado más profundo, deja tu mente en blanco.

Comienza a visualizar todo lo que quieres conseguir, a todo lo que quieres llegar

Visualiza esa vida perfecta y recrea cada sentimiento, como si estuvieses allí viviéndolo en ese momento, empapado de sensaciones y estímulos de esa vida que tanto quieres.

Te sientes feliz, todo es como lo deseas y todo es perfecto.

Te sientes sumamente agradecido por todo lo que ves.

Sigue visualizando y tomate tu tiempo.

Escucha claramente mi voz mientras continúas respirando.

Repite junto a mí:

- **La abundancia y la prosperidad llegan hacia mi**
- **La suerte**
- **Merezco la riqueza en mi vida**
- **El dinero trae felicidad a mi vida**
- **Las personas que me rodean también disfrutan de ese sentimiento**
- **Lo mejor llega hacia mí de manera inevitable.**

Al contar del 1 al 10, volverás a la realidad, te sentirás mucho mejor que antes, no habrá más pensamientos negativos, te sentirás feliz y sin ninguna dolencia en tu cuerpo.

1, 2, 3, 4, 5, 6, 7, 8, 9, 10

Abre los ojos, despierta, tu realidad es otra, pero los sentimientos positivos te acompañan

(Música sigue sonando por un minuto más)

ACERCA DEL AUTOR

A modo de concluir con este libro y agradecerte por tomarte el tiempo de leerlo, quería aclarar algunas cosas antes de culminar. Muchas personas han probado el Mindfulness, algunos con éxito otros con resultados moderados, pero todos con resultados en fin, lo importante es que tengas en mente que dos personas nunca van a responder de igual manera al proceso, es por esto que te recomiendo que siempre escuches a tu cuerpo, ve las señales que te envía, si te ves en una situación en la cual te sientes débil no solo en lo que respecta a tu cuerpo sino también anímicamente hablando, solo date un respiro, suspende por unos días y vuelve a comenzar, si vez que esto es recurrente solo cambia de método.

Pero bueno no se obtienen resultados solo hablando así que, está bueno que hayas tomado la decisión de comenzar con el Mindfulness, y comprar este libro fue el primer paso, pero en este momento quiero que te motives y tomas acción masiva hacia tu objetivo ya sea liberar tu mente, dejar de lado el estrés, perder peso, vivir mejor y en paz, etc., el mindfulness no es una caminata, es una carrera y debes llegar hacia el final y como toda carrera te tienes que preparar de a poco para llegar al final, no te lanzas de una a correr sin ninguna intención ni ningún objetivo en la cabeza.

Por ultimo me gustaría pedirte que si encontraste en este libro una gran ayuda, me gustaría saber tus comentarios dejándome una review de este libro para poder mejorarlo y continuar brindando grandes libros a ustedes, mis lectores, a los cuales aprecio mucho.

Sin más, me despido
Un abrazo grande
María Pajna

www.ingramcontent.com/pod-product-compliance
Lightning Source LLC
Chambersburg PA
CBHW021449070526
44577CB00002B/322